新汉语水平考试真题集
HSK（六级）2012版

国家汉办/孔子学院总部　　编制

商务印书馆
2013年·北京

《新汉语水平考试（HSK）真题集》编委会

主　任：许　琳

副主任：胡志平　马箭飞

编　委：(按姓氏笔画顺序排列)

前　言

2009 年 11 月，新汉语水平考试（HSK）正式实施。两年来，考生数量有了很大增长，2010 年，新 HSK 考生数量为 123977 人，2011 年为 179592 人，增长幅度达 45%。新 HSK 更好地适应了海外汉语学习者的实际水平，激发了更多考生继续学习汉语的热情，对推动汉语国际推广工作起到了积极的作用。

以孔子学院在世界各地落地生根为标志，全球范围的"汉语热"持续升温，汉语考试规模迅速扩大，这吸引了无数眼球，众多机构急于参与其中。2009 年 5 月，国家语委委托天津市语言文字培训测试中心研发的"汉语口语水平测试（HKC）"开始组织实施；2011 年 7 月，教育部考试中心宣布推出"汉语能力测试（HNC）"；2011 年 10 月，国务院侨办发布信息，决定研制针对海外华裔青少年的"华文水平测试系统"，争取 2013 年开始在海外测试；2012 年 2 月，上海市教委表示，上海将推进面向在沪外籍人士的"实用汉语能力测试"项目的研发工作，该项目有望年内推出。

短短几年时间，汉语考试领域出现了这么多新面孔，意味着有更多的力量投入到了汉语国际推广事业的洪流中来，它必将推动新 HSK 向着质量更高、服务更好的方向发展。我们相信，只有在竞争的环境下，在背负市场压力的情况下，新 HSK 才能获得真正的发展动力，才能永保其用户至上、不断创新的进取精神。只有这样，新 HSK 才能与考生、考试用户成为共同的赢家。此为正道。

今后，新 HSK 除了进一步加强自身研发、考务实施、市场推广及考试培训等能力外，还将不断地广泛调研国内外同类汉语考试，知己知彼，取长补短，提升新 HSK 的竞争优势，更好地服务全球汉语学习者及各类考试用户。

为进一步满足新 HSK 考生备考的需求，我们继 2010 年出版《新汉语水平考试真题集》后，于 2012 年推出《新汉语水平考试真题集 2012 版》。此套真题集共 7 册（含口试），每册包含相应等级的 5 套最新真题。

编　者

2012 年 2 月 14 日

目　录

H61113 卷试题……………………………………………………………………1

H61113 卷听力材料………………………………………………………………22

H61113 卷答案……………………………………………………………………30

H61114 卷试题……………………………………………………………………33

H61114 卷听力材料………………………………………………………………54

H61114 卷答案……………………………………………………………………62

H61115 卷试题……………………………………………………………………65

H61115 卷听力材料………………………………………………………………86

H61115 卷答案……………………………………………………………………94

H61116 卷试题……………………………………………………………………97

H61116 卷听力材料………………………………………………………………118

H61116 卷答案……………………………………………………………………126

H61117 卷试题……………………………………………………………………129

H61117 卷听力材料………………………………………………………………150

H61117 卷答案……………………………………………………………………158

国家汉办/孔子学院总部
Hanban/Confucius Institute Headquarters

新汉语水平考试
HSK（六级）

H61113

注　　意

一、HSK（六级）分三部分：

　　1．听力（50题，约35分钟）

　　2．阅读（50题，50分钟）

　　3．书写（1题，45分钟）

二、听力结束后，有**5**分钟填写答题卡。

三、全部考试约**140**分钟（含考生填写个人信息时间**5**分钟）。

中国　北京　　　　　　　　　国家汉办/孔子学院总部　编制

一、听 力

第一部分

第1-15题：请选出与所听内容一致的一项。

1. A 街上没有路灯
   B 那个人喝醉了
   C 那个人闯红灯了
   D 警察原谅了那个人

2. A 辣椒很贵
   B 辣椒伤胃
   C 湖南气候干燥
   D 湖南人性格倔强

3. A 要保护弱者
   B 弱者懂得适应
   C 希望永远存在
   D 物竞天择，强者生存

4. A "种子选手"实力较强
   B "种子选手"是候补选手
   C "种子选手"直接参加决赛
   D "种子选手"容易被过早淘汰

5. A 对人要宽容
   B 要学会换位思考
   C 对他人不要期望过高
   D 不要辜负他人的期望

6. A 穿着要讲究搭配
   B 汽车要经常清洗
   C 后窗标语能展示个性
   D 人们喜欢在墙上贴标语

7. A 疲劳很难完全消除
   B 运动可以促进睡眠
   C 消除疲劳须注意方式
   D 睡眠不易消除体力疲劳

8. A 青年不需要偶像
   B 路是自己走出来的
   C 没有最好，只有更好
   D 直接经验比间接经验可靠

9. A 做人要讲信用
   B 说话要开门见山
   C 那个人最后没捐钱
   D 演讲持续了20分钟

10. A 老舍不喜欢古董
    B 老舍从小就喜欢收藏
    C 老舍收藏文物有自己的特点
    D 老舍喜欢收藏有残缺的文物

11. A 香格里拉海拔很低
    B 香格里拉是民族聚居区
    C 香格里拉位于沿海地区
    D 香格里拉的民俗正在消失

12. A 潜水能预防感冒
    B 潜水培训很辛苦
    C 潜水能开发智力
    D 潜水能改善心肺功能

13. A 赞美需要技巧

　　B 不要对人心存偏见

　　C 真诚赞美是一种美德

　　D 学会欣赏人生的风景

14. A 航空公司信誉好

　　B 经济舱市场潜力大

　　C 经济舱投资回报慢

　　D 经济舱座位不够多

15. A 大臣们很浪费

　　B 细节决定成败

　　C 改变自己更容易

　　D 国王的鞋子太旧

第二部分

第 16-30 题：请选出正确答案。

16. A 有好老师
    B 多与人交流
    C 保持一颗童心
    D 多看好画，多画画

17. A 要增长阅历
    B 要有想象力
    C 要有自己的想法
    D 不要过分追求完美

18. A 简单明白
    B 包装精美
    C 题材新颖
    D 时代感强

19. A 薪水丰厚
    B 常举办画展
    C 插画经验丰富
    D 创建了中国插画网

20. A 大自然
    B 古代神话
    C 知识的积累
    D 生活中的细节

21. A 他热爱黄梅戏
    B 他改革了黄梅戏
    C 他为黄梅戏付出了很多
    D 黄梅戏让他取得很大成就

22. A 5 年
    B 15 年
    C 30 多年
    D 50 多年

23. A 年龄比他大
    B 曾是他的学生
    C 不会唱黄梅戏
    D 是杂志社编辑

24. A 都是空谈
    B 应借鉴西方理论
    C 须彻底否定过去
    D 在继承的基础上改革

25. A 很爱他妻子
    B 是省委书记
    C 喜欢流行音乐
    D 作品风格多样

26. A 建立分公司
    B 帮助更多年轻人
    C 建立一个儿童品牌
    D 做好一个本土体育品牌

27. A 充足的资金
    B 政府的扶持
    C 优秀的管理层
    D 强有力的核心人物

28. A 低廉的价格

    B 产品的质量

    C 大量的广告投入

    D 李宁个人的影响力

29. A 退休了

    B 是李宁公司创始人

    C 重视对儿子的培养

    D 积极参与慈善事业

30. A 创立 50 多年了

    B 20 年来不断变革

    C 是著名的餐饮品牌

    D 近年来发展速度放缓

第三部分

第 31-50 题：请选出正确答案。

31. A 井边
    B 树荫下
    C 池塘边
    D 亭子里

32. A 郊外很凉快
    B 西瓜皮是绿的
    C 核桃从树上掉下来
    D 小核桃长在大树上

33. A 知足常乐
    B 不能以貌取人
    C 万物存在皆有因
    D 谁都有跌倒的时候

34. A 柜子里
    B 门背后
    C 餐桌下
    D 床底下

35. A 没人发现他缺席
    B 他撒谎被发现了
    C 没有人听他讲话
    D 他的笑话不好笑

36. A 有错就改
    B 不要三心二意
    C 相信自己的水平
    D 别把自己看得太重要

37. A 创业很艰苦
    B 做公司要靠自己
    C 可以牺牲个人利益
    D 创业应结合自己的兴趣

38. A 组织
    B 创新
    C 交际
    D 应变

39. A 要乐于助人
    B 怎样规划未来
    C 怎样战胜对手
    D 创业不是一个人的事

40. A 饿了
    B 模仿成人
    C 缺乏安全感
    D 是一种学习行为

41. A 及时阻止
    B 不必太在意
    C 给孩子洗手
    D 转移孩子的注意力

42. A 小孩子要少吃糖
    B 女孩子感觉更灵敏
    C 让孩子自己感知世界
    D 小孩子应该和父母住一起

43. A 婴儿的学习方式
    B 孩子的成长过程
    C 父母要多陪孩子
    D 活泼的孩子更有创造力

44. A 天气严寒
    B 需要进山
    C 粮食减少了
    D "年"要来了

45. A 是红色的
    B 是一种怪兽
    C 是人类的朋友
    D 喜欢听爆竹声

46. A 把它吓跑
    B 把它关起来
    C 逃得远远的
    D 给它提供食物

47. A 年画的由来
    B 鞭炮的起源
    C "年"的起源
    D 吃饺子的由来

48. A 物美价廉
    B 增加收银台
    C 商品摆放相对固定
    D 经常改变货架位置

49. A 容纳更多商品
    B 美化超市布局
    C 方便顾客寻找商品
    D 吸引顾客购买其他商品

50. A 导购员很热情
    B 超市适合晚上逛
    C 超市过道不宜太窄
    D 货架调整不宜太频繁

二、阅　读

第 51-60 题：请选出有语病的一项。

51.　A　日光下的西湖如一面镜子，闪闪发亮。
　　　B　你从这儿看下去，会发现南来北去的汽车滔滔不绝。
　　　C　冰糖葫芦是北方常见的一种小吃，一般用山楂串成。
　　　D　人可以平凡，但不能平庸；可以淡泊名利，但不能没有追求。

52.　A　正是 7 月盛夏，车内没有空调，热得很不得了。
　　　B　喜欢花的人会去摘花，而真正爱花的人则会去浇水。
　　　C　看着别人的眼睛说话是自信的表现，也是对别人的尊重。
　　　D　人生最精彩的不是实现梦想的那一瞬间，而是坚持梦想的过程。

53.　A　对错误，我们应该用辩证的眼光来看待。
　　　B　我生长在"梨园世家"，京剧对我一点儿也不陌生。
　　　C　不要站在旁边羡慕他人的幸福，其实你的幸福一直都在你身边。
　　　D　胡同，也叫"巷"，是指城镇或乡村主要街道之间的比较小的街道。

54.　A　为了便于记忆，人们编了一首二十四节气歌。
　　　B　做人要善于控制自己的情绪，不然你就会控制它们。
　　　C　唐诗，宋词，元曲，明清小说，一个时代有一个时代的文学形式。
　　　D　《将进酒》是唐代诗人李白的代表作之一，题目意译即为"劝酒歌"。

55.　A　人一生都在不断地追求快乐，失意却在所难免。
　　　B　腊梅是中国特有的传统名贵观赏花木，有着悠久的栽培历史。
　　　C　父母的年纪比我们大，有经验比我们多，他们的想法有他们的道理。
　　　D　亲近自然是人的本能，在与自然的接触中，你会产生许多的思考和感悟。

56.　A　个人在团队中的定位会决定了他的行为方式。
　　　B　人参、貂皮、鹿茸被称为长白山"三宝"，长期享誉中外。
　　　C　青藏高原有"世界屋脊"之称，是亚洲许多大河的发源地。
　　　D　在选拔人才时，既要听其言、观其貌，还要察其行、考其绩。

57.　A　把名字刻在人们心里，比刻在大理石上保存得更长久。
　　　B　这个杀毒软件可以在网上免费下载，不过你需要先注册。
　　　C　学会体谅别人并不困难，只要你愿意站在对方的角度和立场看问题。
　　　D　在信息时代，一个人是否具有迅速捕捉有效信息，决定他成就的大小。

58. **A** 新疆昼夜温差很大，"早穿皮袄午穿纱，怀抱火炉吃西瓜"正是对这种现象的生动描绘。

B 有的人把购物成为一种释放压力的手段，心理压力过大、心里不痛快时，就通过购物来舒缓自己的情绪。

C 东坡肉相传为北宋诗人苏东坡所创制，色、香、味俱佳，深受人们喜爱。慢火、少水、多酒，是制作这道菜的诀窍。

D 《庄子》里有句话叫做"夏虫不可语于冰"，意思是说对于夏天的虫子，无论你怎样与它谈论冬天的冰雪，它也不会明白。

59. **A** 一个人的价值不在于他和别人相像的地方，也在于他与别人不一样的地方。

B 人的两只眼睛是平行的，所以应当平等看人；人的两只耳朵是分在两边的，所以不可偏听一面之词。

C 昨天已成为过去，明天还没到来。我们无法把昨天请回来，也不能提前拥有明天，唯一可以把握的只有今天。

D 全世界平均每年发生地震约 500 万次。然而到目前为止，南极大陆却没有一次地震记录，是名副其实的"安全岛"。

60. **A** 虽然说有付出才会有回报，但付出和回报并不总是成比例的，这样的例子不胜枚举。

B 信念一旦形成，就可以产生强大的推动力，能使人们为实现某个目标而持之以恒地奋斗。

C 和你一同笑过的人，你也许很快就会把他忘却；而和你一起哭过的人，你也许一生都会记住他。

D 人们往往把交往看做一种能力，却忽略了独处也是一种能力。不擅交际固然是一种遗憾，不耐孤独也未尝是一种很严重的缺陷。

第二部分

第 61-70 题：选词填空。

61. 饥饿的人追求温饱；_____的人追求富有；处于动乱中的人追求_____……
人人都有自己的追求，这些追求往往折射出人生的思考、_____的特点。

    A 贫穷   安定   时代   **B** 贫困   稳定   时期
    C 朴实   安详   时刻   **D** 空虚   平安   时光

62. 人之所以会心累，是因为常常_____在坚持和放弃之间，犹豫不决。生活中
总会有一些值得我们_____的东西，也有一些必须要舍弃的东西。放弃与坚
持，是每个人都不得不_____的人生难题。

    A 盘旋   拥抱   面临   **B** 奔波   占有   推理
    C 缠绕   占领   对付   **D** 徘徊   拥有   面对

63. 森林中厚厚的落叶层，以及_____的植物根系，组成了巨大的吸水_____，
它能够储蓄雨水，调节气候。研究_____，在雨季，有森林的地区地下蓄水
量要比无森林地区多 80 倍。

    A 层出不穷   体系   证实   **B** 欣欣向荣   程序   表态
    C 错综复杂   网络   表明   **D** 川流不息   框架   显示

64. 过去，人们常用菊花配制食品，如菊花羹、菊花糕。菊花还可制成枕头，其
清新的_____能够明目、降血压。菊花_____繁多，形态多样，非常迷人。
更_____的是菊花的气韵，人们常赋予菊花以某种象征意义，如_____、
勇敢等美好的品质。

    A 风味   样式   珍贵   壮丽
    B 气味   品种   可贵   坚韧
    C 气质   种类   宝贵   挺拔
    D 口味   种族   昂贵   坚固

65. 古城苏州，素有"人间天堂"之称，这里_____出了苏州刺绣艺术。苏州刺
绣已有 2000 余年的历史，早在三国时就有了关于苏绣制作的_____。苏绣
具有图案秀丽、_____巧妙、绣工细致、针法活泼的_____风格，地方特
色_____。

    A 孕育   记载   构思   独特   浓郁
    B 诞生   记忆   设计   独立   浓厚
    C 创造   记录   构成   单独   浓烈
    D 发育   标记   设置   特殊   浓重

66. 文化遗产包括物质文化遗产和非物质文化遗产。物质文化遗产是具有历史、艺术和科学价值的_____；非物质文化遗产是指各种以非物质形式_____的、与人们生活_____相关、世代相传的_____文化表现形式。

    A 文艺   生存   严密   古典
    B 文物   存在   密切   传统
    C 文献   储存   紧密   统一
    D 文明   并存   精密   经典

67. "随时反省自己"矫枉过正，很容易让人产生自己_____的错觉。反省的目的应该是让自己更好，而不是变得更糟。经常认为"事情没有_____好都是我的错"，只会让你更缩手缩脚，而不会让你在处事上变得更有信心。被误会，我们要据理力争，让_____；有错误，就虚心_____，让未来更好。

    A 一无是处   处理   真相大白   检讨
    B 无可奈何   运行   各抒己见   解剖
    C 无能为力   进展   苦尽甘来   借鉴
    D 一无所有   交涉   众所周知   纠正

68. 假笑会导致"微笑抑郁症"，这是发生在多数都市白领身上的一种新型抑郁_____。患者常常为了_____自己在别人心目中的形象，刻意_____自己的情绪，强颜_____。

    A 观念   守护   装饰   欢乐
    B 导向   爱护   掩盖   喜悦
    C 倾向   维护   掩饰   欢笑
    D 概念   维持   掩护   微笑

69. 马头琴，因琴头雕饰着马头而得名，是蒙古族的代表性乐器，为_____艺人和草原上的牧民们所喜爱。马头琴所_____的乐曲，具有_____、粗犷、激昂的特点，_____了蒙古族的生产、生活风貌。

    A 民间   演奏   深沉   体现
    B 乡镇   扮演   沉闷   发扬
    C 主流   展示   沉重   凝聚
    D 潮流   演绎   深奥   呈现

70. 法律是外在的、强制的，是一种刚性_____；而道德是_____的、自觉的，是一种柔性_____。但另一方面，法律却是低调的、_____的，它仅仅是不允许做什么；而道德是高调的、积极的，它要求的是应当做什么。

    A 道理   封闭   制约   封建
    B 制度   内在   约束   消极
    C 秩序   保守   束缚   落后
    D 政策   潜在   控制   盲目

第三部分

第 71-80 题：选句填空。

71-75.

　　我常想，读书人是世间最幸福的人。因为他除了拥有现实的世界之外，还拥有另一个更为广阔、丰富的世界。（71）＿＿＿＿＿＿＿＿，而后一个世界却为读书人所独有。由此我又想，那些失去阅读机会或不能阅读的人是多么的不幸，（72）＿＿＿＿＿＿＿＿。世间有诸多的不平等，财富的不平等，权利的不平等，而阅读能力的拥有或丧失却体现为精神的不平等。

　　一个人的一生，只能经历自己拥有的那一份喜悦，那一份苦难。然而，人们通过阅读，却能进入不同时空的诸多他人的世界。这样，（73）＿＿＿＿＿＿＿＿，无形间获得了超越有限生命的无限可能性。阅读不仅使他多识了草木虫鱼之名，（74）＿＿＿＿＿＿＿＿，饱览存在的与非存在的一切。更为重要的是，（75）＿＿＿＿＿＿＿＿，而且还在于精神的感化与陶冶。人们从读书学做人，从那些历史名人以及当代才俊的著述中学得他们的人格。

　　A 他们的损失是不可补偿的

　　B 具有阅读能力的人

　　C 读书带给人们的不仅是知识的增加

　　D 现实世界是人人都有的

　　E 而且可以上至远古下及未来

76-80.

中国古代有一位个性爽朗、性情善良的好女孩儿，名叫"花木兰"。

木兰是河南商丘人，从小跟着父亲读书写字，平日料理家务。她还喜欢骑马射箭，练得一身好武艺。有一天，差役送来了征兵的通知，要征木兰的父亲去当兵。但父亲年迈，又怎能参军打仗呢？木兰没有哥哥，弟弟又太小，她不忍心让父亲去当兵，（76）＿＿＿＿＿＿。木兰的父母虽然不舍得女儿出征，但又别无他法，只好同意她去了。

木兰随着队伍到了北方边境，（77）＿＿＿＿＿＿，故此处处加倍小心。白天行军，木兰紧紧地跟上队伍，从不敢掉队。夜晚宿营，她从来不敢脱衣服。作战的时候，她凭着一身好武艺，总是冲杀在前。从军 12 年，木兰屡建奇功，（78）＿＿＿＿＿＿，赞扬她是个勇敢的好男儿。

战争结束了，皇帝召见有功的将士，论功行赏。木兰既不想做官，也不要财物，她只希望得到一匹快马，好立刻回家。皇帝欣然答应，（79）＿＿＿＿＿＿。

木兰的父母听说木兰回来了，非常欢喜，立刻赶到城外去迎接。木兰回家后，脱下战袍，换上女装，梳好头发，出来向护送她回家的同伴们道谢。同伴们看到木兰出来后，（80）＿＿＿＿＿＿，没想到共同战斗 12 年的战友竟是一位漂亮的女子。

A 于是决定女扮男装，代父从军

B 并派使者护送木兰回去

C 都万分惊奇

D 同伴们对她十分敬佩

E 她担心自己女扮男装的秘密被人发现

第四部分

第81-100题：请选出正确答案。

81-84.

太阳暖暖地照在大地上，一只大河蚌慢慢地爬上了河滩，张开自己的两扇椭圆形的甲壳晒起太阳来。它感到很舒服，悠闲自在。

在离这里不远的水草中，有一只大鹬鸟，正迈着两条又长又细的腿，伸着又长又尖的嘴巴，在细心地寻找鱼虫。忽然，它看见河滩上那只张着大口的河蚌。河蚌那鲜嫩、肥美的肉吸引着它，这是多么好吃的美食啊。

鹬鸟悄悄地走过去，伸出了它的长嘴巴，猛地咬住了甲壳内的蚌肉。河蚌突然受到了袭击，急忙将坚硬的甲壳闭合，甲壳像把钳子似的紧紧夹住鹬鸟的长嘴巴。鹬鸟用尽全身力气想把蚌肉拉出来，河蚌却死死地夹住鹬鸟的长嘴巴。就这样，鹬蚌之间展开了一场激烈的搏斗。

鹬鸟和河蚌<u>相持不下</u>，双方争吵起来。鹬鸟威胁河蚌说："你若不张开甲壳，今天不下雨，明天也不下雨，你就会被晒死在这里，赶快张开甲壳吧！"

河蚌也不甘示弱地说："我就是不张开甲壳，我把你狠狠地夹住，你今天拔不出来，明天也拔不出来，你非憋死在这河滩上不可。"

鹬鸟和河蚌互不相让，死死地纠缠在一起。

正在这时，一个老渔翁从河滩路过，看见鹬蚌相争，没有费多大力气，便把它们一起抓住，高兴地走了。

81. 当看见河蚌时，鹬鸟：

    A 继续寻找鱼虫   B 正在河滩上晒太阳

    C 主动跟河蚌打招呼   D 悄悄地向河蚌走了过去

82. 关于河蚌，可以知道什么？

    A 最后打败了鹬鸟   B 甲壳内有一颗珍珠

    C 有两扇透明的甲壳   D 用甲壳夹住了鹬鸟的嘴巴

83. 第4段中"相持不下"的意思最可能是：

    A 势均力敌   B 从容不迫

    C 得不偿失   D 不择手段

84. 下列哪项最适合做上文的标题？

    A 鹬蚌相争，渔翁得利   B 将欲取之，必先予之

    C 塞翁失马，焉知非福   D 知己知彼，百战不殆

85-88.

　　人生就像是一盘棋，对手则是我们身处的环境。有的人能预想十几步，乃至十几步之外，早早便做好安排；有的人只能看到几步之外，甚至走一步算一步。

　　与高手过招，常一步失策，满盘皆输。但是高手下棋，眼见的残局，却可能峰回路转，起死回生。

　　有的人下棋，落子如飞，但是常忙中出错；有些人下棋又因思虑太多，弄得步步举棋不定。

　　有的人下棋，不到最后关头，绝不认输；有些人下棋，稍见情势不妙，就弃子投降。

　　棋子总是愈下愈少，人生总是愈来愈短。于是先前落错了子，后来都要加倍苦恼地应付。而棋子一个个地去了，愈是剩下的少，便愈得小心地下。赢，固然漂亮；输，也要撑得久。输得少，才有些面子。

　　所幸者，人生的棋局，虽也是"起手无回"，观棋的人，却不必"观棋不语"。于是功力差些的人，找几个参谋，常能开创好的局面。但千万记住，观棋的参谋，也有他自己的棋局，可别只顾帮忙，而误了自己盘上的厮杀。

　　如果你不知道计划未来，必是个很差的棋士；如果你没参谋，必是很孤独的棋士；如果你因为输不起，而想翻棋盘，早早向人生告别，必是最傻的棋士。

　　请问：你还有多少棋子？你已有多少斩获？你是不是应该更小心地，把所剩无几的棋子，放在最佳的位置？

85. 高手下棋有什么特点？
　　A 落子如飞　　　　　　　　　B 绝不认输
　　C 常举棋不定　　　　　　　　D 能转败为胜

86. 第6段中"起手无回"的意思最可能是：
　　A 不能悔棋　　　　　　　　　B 举手投降
　　C 画蛇添足　　　　　　　　　D 优胜劣汰

87. 人生的棋局中，功力差的人应该：
　　A 请教高人　　　　　　　　　B 知难而退
　　C 屡败屡战　　　　　　　　　D 孤军奋战

88. 最适合做上文标题的是：
　　A 人生如棋　　　　　　　　　B 有舍才有得
　　C 怎样告别孤独　　　　　　　D 你找到自己的位置了吗

89-92.

　　梅兰芳的琴师、86 岁高龄的姜凤山做客央视，做了一期关于梅兰芳的专题节目，他对梅兰芳的为人和演技赞赏有加。其间，他讲述了一件梅兰芳的往事。那是一个美丽的错误，而且，那个错误已经成为沿用至今的经典。

　　那是早年，梅兰芳与人合演《断桥》，也就是《白蛇传》，说的是白娘子和许仙两个人悲欢离合的爱情故事，梅兰芳在剧中饰演白娘子。剧中，白娘子有一个动作，就是在负心的丈夫许仙追赶她、跪在地上哀求她的时候，她爱恨交加，心中五味杂陈，就用一根手指头去戳许仙的脑门儿。

　　不成想，梅兰芳用力过大，跪在那里扮演许仙的演员毫无防备，被他这一戳后直接向后仰去，这是剧情里没有设计的动作。可能是梅兰芳入戏太深，把对许仙的恨全都聚集在了手指头上，才造成了这样的失误。眼见许仙就要倒地，怎么办？梅兰芳下意识地用双手去扶许仙。许仙是被扶住了，没有倒下。可梅兰芳马上意识到：我是白娘子，他是负心郎许仙，我去扶他不合常理，这戏不就砸了吗？大师到底是大师，梅兰芳随机应变，在扶住他的同时，又轻轻推了他一下。

　　所以，动作就由原来的一戳变成了一戳、一扶和一推，更淋漓尽致地表现出了白娘子对许仙爱恨交织的复杂心情。这个动作演得出神入化，把险些造成舞台事故的错误扭转了过来，得到了大家的认可。于是，在以后的演出中，梅兰芳就沿用了这个动作，而且，其他剧种也都移植了这个动作，这个动作成了经典之作。

　　姜凤山说到这里时，用了一个词：败中取胜。无论是在舞台上，还是在工作中、生活中，无论是大师还是普通人，失误和错误都是难免的，关键是出现失误和错误以后怎么去对待，怎么去处理。处理不当，会酿成事故，导致全盘失败；处理得当，则能败中取胜，化腐朽为神奇。

89. 关于《白蛇传》，下列哪项正确？
　　A 是一部纪录片　　　　　　　　B 由梅兰芳扮演许仙
　　C 许仙是白娘子的丈夫　　　　　D 收视率比《断桥》高

90. "许仙"向后仰去时，梅兰芳：
　　A 一动也没动　　　　　　　　　B 又急忙去扶他
　　C 吓得向后退去　　　　　　　　D 使劲儿戳了他一下

91. 关于梅兰芳，下列哪项正确？
　　A 曾经做客央视　　　　　　　　B 是姜凤山的徒弟
　　C 姜凤山非常佩服他　　　　　　D 在台上忘记了台词

92. 上文主要谈的是：
　　A 梅兰芳的故事　　　　　　　　B 京剧艺术的发展
　　C 《白蛇传》的拍摄过程　　　　D 梅兰芳与姜凤山的友谊

93-96.

　　莫高窟又名"千佛洞"，位于中国甘肃省敦煌市东南 25 公里处鸣沙山的崖壁上。石窟南北长 1600 余米，上下共 5 层，最高处达 50 米。现存洞窟 492 个、壁画 45000 余平方米、彩塑 2415 身、飞天塑像 4000 余身。

　　莫高窟与山西云岗石窟、河南龙门石窟并称为中国"三大石窟艺术宝库"，也是世界上现存规模最宏大、保存最完好的佛教艺术宝库。

　　中国石窟艺术源于印度，但是印度传统的石窟造像以石雕为主，而敦煌莫高窟因为岩质疏松无法进行雕刻，故造像以泥塑为主。除四座大佛为石胎泥塑外，其余均为木骨泥塑。

　　敦煌石窟是集建筑、雕塑、绘画于一体的立体艺术，其中数量最大、内容最丰富的部分是壁画，这些壁画既有反映宗教题材的，也有反映当时一些生产劳动场面、社会生活场景的，为研究 4 世纪到 14 世纪的中国古代社会情况提供了宝贵的资料。为此，学者将敦煌壁画称做"墙壁上的图书馆"。莫高窟的壁画具有很高的艺术价值，壁画中的飞天是敦煌艺术的标志。莫高窟 492 个洞窟中，几乎窟窟画有飞天。

　　1900 年，一位住在莫高窟的道士在清扫时，偶然发现了"藏经洞"，洞里藏有从公元 4 世纪到 14 世纪的历代文物五六万件，其中的文书约六分之五是以汉字书写的。"藏经洞"是 20 世纪初中国考古学上的重大发现，震惊了世界。

　　除莫高窟外，敦煌还有安西榆林窟、西千佛洞等。榆林窟俗称"万佛峡"，是莫高窟的姐妹窟，现存 42 个洞窟，壁画 5650 余平方米，以稀世珍宝象牙佛闻名于世。西千佛洞因位于莫高窟之西而得名，开凿时间或许早于敦煌莫高窟，最晚也与莫高窟同一时期。

93. 莫高窟为什么用泥塑像？
　　A 易于保存　　　　　　　　B 岩质疏松
　　C 缺乏木材　　　　　　　　D 成本较低

94. "墙壁上的图书馆"是想说明什么？
　　A 石窟的历史悠久　　　　　B 壁画内容非常丰富
　　C 敦煌壁画绘制精美　　　　D 塑像的雕刻技术高超

95. 关于"藏经洞"，下列哪项正确？
　　A 14 世纪才被发现　　　　　B 是一个游客发现的
　　C 大部分文献用汉字记载　　D 收藏了大量的道教经书

96. 上文主要介绍：
　　A 莫高窟的现状　　　　　　B 敦煌石窟艺术
　　C 敦煌壁画的特点　　　　　D "藏经洞"是怎样被发现的

97-100.

　　我们在追求健康的过程中，要相信自己，因为在我们的身体里住着一位"神医"，发挥它的力量，能抵御病菌的侵袭，也能将疾病消灭于无形。我们把人体比成一部机器，当它的某些部位或者零件受到损害时，它可以自动对受到损害的部位或零件进行修复，即人体对许多疾病具有自愈能力。

　　在生活中我们经常会遇到这样的情况，一不小心在手指上划了一个小口子，没过几天，就可以看到新生组织已经让受伤部位完好无损了。在这整个过程中不需要任何药物的作用，这就是人体自愈能力的一个最直观的表现。

　　在自愈力进行自我调节的过程中，我们会感到非常不舒服，这种不舒服就是我们平时所说的疾病症状。但无论身体怎么不舒服，它只是想告诉我们："你这个地方已经出现问题了，现在我正在进行调节，你要坚持住，注意休息与饮食。"可以这样说，这种短暂的不舒服其实是为了长远的健康，但很可惜，很多人不理解这种信号。

　　当我们误食腐坏的食物时，人体就会自动开始呕吐、下泻，加速排泄。如果人体内感染了细菌，白血球就会进行吞噬或者借发烧完成杀菌的工作，这是因为我们的身体原本就具备解毒、排泄异物、免疫、组织再生等自净功能。但是有些人不明白这个道理，当身体在自愈过程中产生一些症状时，就通过药物或者打针来阻止身体的呕吐、拉肚子、发烧、发炎等各种反应，虽然这样做会暂时消除这些反应所带来的不适，却会延长疾病的治愈时间。这就好比一个国家（人体）要强大，必须使自己的军队（自愈力）强大，如果单纯依靠外来军队（吃药、打针）来帮助打败敌人（疾病），很可能会导致亡国的悲剧。

　　那么，怎样才能避免这种状况发生呢？那就需要我们相信自身的自愈能力，在得病后采取各种方法来提升自身的自愈能力，只有这样，我们才能安全走过疾病的全过程。研究人员通过试验证实，如果一个人身体的各项功能完好，人体的自愈能力就可以抵抗 80% 以上的疾病。在人体自愈的过程中，保持积极的心态、健康的生活方式尤为重要。

97. 在人体自我调节的过程中，人们会感到：
   A 身体不适　　　　　　　　　B 时间很漫长
   C 家人很重要　　　　　　　　D 身体恢复得比较快

98. 关于人体自愈能力，下列哪项正确？
   A 作用不是很大　　　　　　　B 一般指修复外伤
   C 能自动治愈某些疾病　　　　D 有时会延误治病时间

99. 最后一段中"这种状况"的意思是：
   A 免疫力低下　　　　　　　　B 通过运动来增强体质
   C 用积极的心态面对治疗　　　D 治疗延长了疾病治愈的时间

100. 上文主要谈的是：
   A 饮食与健康　　　　　　　　B 健康的重要性
   C 人体的自愈能力　　　　　　D 疾病的治疗方法

三、书 写

第 101 题：缩写。

（1）仔细阅读下面这篇文章，时间为 10 分钟，阅读时不能抄写、记录。
（2）10 分钟后，监考收回阅读材料，请你将这篇文章缩写成一篇短文，时间为 35 分钟。
（3）标题自拟。只需复述文章内容，不需加入自己的观点。
（4）字数为 400 左右。
（5）请把作文直接写在答题卡上。

1978 年，当我准备报考电影系时，父亲十分反感，他觉得这一行竞争太激烈。当时我一意孤行，父亲和我的关系从此恶化，近 20 年间和我说的话不超过 100 句。

但是，等我从电影学院毕业后，我终于明白了父亲的苦心。在电影界，一个没有任何背景的人要想混出名堂来，谈何容易。从 1983 年起，我经过了 6 年多漫长而无望的等待，大多数时候都是帮剧组看看器材，做点儿剪辑助理、剧务之类的杂事。最痛苦的经历是，曾经拿着一个剧本，两个星期跑了 30 多家公司，一次次面对别人的白眼和拒绝。

这样的奔波毕竟还有希望，最怕的是拿着一个剧本，别人说可以，然后这里改、那里改，改完了等投资人的意见，意见出来了再改，再等待，可最终还是石沉大海，没了消息。

那时候，我已经将近 30 岁了。古人说："三十而立。"而我连自己的生活都还没法自立，怎么办？继续等待，还是就此放弃心中的电影梦？幸好，我的妻子给了我最及时的鼓励。

妻子是学生物学的，毕业后她在一家小研究室做药物研究员，薪水少得可怜。那时候我们已经有了大儿子，为了缓解内心的愧疚，我每天除了在家里读书、看电影、写剧本外，还包揽了所有家务，负责买菜做饭带孩子，将家里收拾得干干净净。还记得那时候，每天傍晚做完晚饭后，我就和儿子在门口，一边讲故事给他听，一边等待"英勇的猎人妈妈带着猎物回家"。

这样的生活对一个男人来说，是很伤自尊心的。有段时间，岳父母让妻子给我一笔钱，让我拿去开个餐馆儿，也好养家糊口。但好强的妻子拒绝了，把钱还给了老人。我知道这件事后，辗转反侧想了好几个晚上，终于下定决心：也许这辈子电影梦离我太远了，还是面对现实吧。

后来，我去了社区大学，看了半天，最后心酸地报了一门电脑课。在那个生活压倒一切的年代，似乎只有电脑可以在最短时间内让我有一技之长。那几天我一直萎靡不振，妻子很快就发现了我的反常，细心的她发现了我包里的课程表。那晚，她一宿没和我说话。

第二天，她去上班，快要上车了，突然，她转过身来，一字一句地告诉我："安，要记得你心里的梦想。"

那一刻，我心里像突然起了一阵风，那些快要淹没在庸碌生活里的梦想，像那个早上的阳光，一直射进我的心底。妻子上车走了，我拿出包里的课程表，慢慢地撕成碎片，丢进了门口的垃圾筒。

　　后来，我的剧本得到赞助，开始自己拿起了摄像机。再到后来，一些电影开始在国际上获奖。这个时候，妻子重提旧事，她才告诉我："我一直就相信，人只要有一项长处就足够了，你的长处就是拍电影。学电脑的人那么多，又不差你李安一个。你要想成功，就一定要坚持你心里的梦想。"

H61113 卷听力材料

（音乐，30秒，渐弱）

大家好！欢迎参加 HSK（六级）考试。
大家好！欢迎参加 HSK（六级）考试。
大家好！欢迎参加 HSK（六级）考试。

HSK（六级）听力考试分三部分，共 50 题。
请大家注意，听力考试现在开始。

第一部分

第 1 到 15 题，请选出与所听内容一致的一项。现在开始第 1 题：

1. 有个人开车经过十字路口时，红灯已经亮了，但他还是加速冲了过去，结果被警察拦了下来。警察问他："你没看到红灯吗？""看到了。"他回答。"那你怎么还闯红灯啊？"警察又问。他说："因为我没看到你。"

2. 湖南人爱吃辣是出了名的，甚至有人到了没有辣椒就吃不下饭的地步。这主要是因为当地湿度较大，吃辣椒是一种很好的去湿、去内火的方法。大概是辣椒吃多了，湖南人性格里也带着一股倔强、不服输的辣劲儿。

3. 这个世界的生存法则是物竞天择，适者生存，而非强者生存。恐龙高大吧，但它却在地球上奇迹般地绝迹了。相对于强者来说，弱者有更多的选择和妥协，因为懂得适应，他们就有更多的生存机会。

4. 在体育比赛中，为了避免实力强的选手因为各种原因被过早淘汰，人们特意设立了一种制度——让某些实力强的选手不参加前几场比赛，在后面几场时再参加，这些选手被称为"种子选手"。

5. 期望能给人勇气，也容易引起沮丧，关键在于期望值是否适中。对自己，期望值高一些为好，失败了虽然容易颓唐，但有时也会激起意料不到的勇气；对他人，期望值小一些为好，这样可以避免一些失望和伤害。

6. 很多人喜欢在汽车后窗贴上各类图释或是标语。如同穿着，这类东西也成为了一道风景线。不同个性的车主，展示了不同的姿态。这些标语图案汇集在一块儿其实就是一种文化，这种文化被称为"后窗文化"。

7. 产生疲劳的性质不同，消除疲劳的方式也该不同，否则不仅不见效，还可能使疲劳加重。睡眠是消除体力疲劳的最佳方法，而消除脑力疲劳的最好方法是适当参加一些体育活动。

8. 青年需要"偶像"或"人生导师"吗？答案是肯定的。但是，每个人应该走自己的路，千万别盲目崇拜偶像，或不经思考全盘接受别人的话。参考别人的经验，也要倾听自己的心，走出自己的路，做最好的自己。

9. 一个人去听某位名人演讲募捐。最初，他觉得名人讲得很好，准备捐款。但十分钟后，名人还没讲完，他有些不耐烦了，决定只捐些零钱。又过了十分钟，名人还没讲完，这个人再也受不了了，分文未捐就走了。

10. 老舍喜欢收藏但起步比较晚，他开始收藏是五十岁以后的事情。他的收藏原则很特别，收与不收，全凭自己的喜好，并不管它们的文物价值。自己看着顺眼，喜欢它，就买下来，也许上面有裂纹，甚至残缺了一角。

11. 香格里拉位于怒江、金沙江、澜沧江"三江并流"的腹地，生活着汉、藏、白、回等十三个民族，他们在生活方式、服饰、民居建筑以及婚俗礼仪等传统习俗中，都保持了本民族的特点，形成了各民族的独特风情。

12. 潜水的好处，不仅在于水中的奇妙世界给人的精神带来巨大的享受，更重要的是能够提高并改善人体的心肺功能。在一些国家，潜水运动甚至被作为一种治疗癌症的辅助手段。

13. 常言道："良言一句三冬暖。"赞美与欣赏他人，可以使周围的人受到鼓舞，从而使我们的生活也更美好。能够真诚地欣赏与赞美他人，是一种美德。

14. 经济舱是航空公司最具社会影响力和最具市场潜力的舱位。经济舱服务质量的高低直接决定了航空公司在大众旅客心目中的口碑和信誉，是打造航空公司良好社会形象的着力点，也是吸引稳定客源的关键点。

15. 一位国王被路上的碎石刺痛了脚，他于是下令将所有道路都铺上羊皮，但根本找不到这么多羊皮。大臣说："陛下用羊皮包住双脚即可。"改变世界很难，改变自己却很容易。与其改变世界，不如先改变自己。

第二部分

第 16 到 30 题，请选出正确答案。现在开始第 16 到 20 题：

第 16 到 20 题是根据下面一段采访：

女：观众朋友们大家好，今天我们请到了资深插画师东子，有请东子。

男：节目现场以及电视机前的观众朋友们，你们好，我是东子。

女：在插画这条路上，自己除了努力还有什么秘诀和大家分享吗？

男：兴趣很重要，为了生活而画画的人和喜欢画画的人画出来的东西完全不一样，秘诀就是"多看好画，多画画"。

女：作为自由作者，平时一般通过什么渠道去接单呢？

男：我觉得"插画中国"是一个很好很互动的平台，我从很早的时候就在中国插画网里发过帖子，接过单子，现在也是，里面有很多厉害的插画师和一些好的插画作品，这让我学到了很多。

女：作为"插画中国"的培训讲师，您觉得一个初学者如何才能更好更快地具备独立创作的能力呢？

男：兴趣很重要，因为自己喜欢才会用心去画，然后找个老师稍微指点。其次一定要有自己的想法，坚持自己的插画理念。

女：您觉得一部好的作品应该具备哪些条件呢？

男：这其实跟音乐一样，有些歌曲花了很多的时间在创作，加了很多的配乐，用了非常好的混音师，可出来的效果不一定喜欢。简简单单，明明白白，听了让人喜欢的音乐才是好音乐。

女：能谈一下您周围的生活和工作环境吗？

男：我身边的朋友一半儿是画插画的，一半儿是玩儿音乐的，其实这二者关系密不可分。

女：您的创作灵感来自哪里？

男：我的灵感来源于生活中的许多小细节，当然生活和细节都源自于人。

女：您的人生目标是什么呢？

男：坚持自己的创作理念，画自己喜欢的插画，做自己喜欢的音乐。

16. 男的画画的秘诀是什么？

17. 男的对初学者有什么建议？

18. 男的觉得好的插画作品是什么样的？

19. 关于男的，下列哪项正确？

20. 男的认为自己的创作灵感源于哪里？

第 21 到 25 题是根据下面一段采访：

女：时老，说起您，很多人并不是特别了解，但"树上的鸟儿成双对，绿水青山带笑颜"却妇孺皆知，看来您的作品比您的知名度要高。

男：一九九三年十月在合肥举办我的个人声乐作品音乐会时，我们的一位省委书记，很激动地到台上祝贺，他说他有很多话要讲，长话短说就两句，"黄梅戏成全了时白林，时白林创造了黄梅戏"。但我一直认为，是黄梅戏哺育了我——当然，还有其他民族音乐。

女：说到黄梅戏，不得不说《天仙配》，这个戏不但倾注了您的大量心血，而且铸就一段姻缘佳话。您的妻子丁俊美，小您十岁，曾是严凤英的舞台姐妹，在电影《天仙配》中扮演过四姐一角。你们在一起五十余年，期间坎坎坷坷，相濡以沫，是什么让你们执手至今？

男：按外国对婚龄的说法，去年是我们的金婚年。我对我的夫人，始终保持一种仰慕之情。一九五四年我到黄梅戏剧团的时候，她才十七岁，非常漂亮。我是她的老师，带音乐课，教乐理常识。二十岁时她嫁给我，我有义务和权利去疼爱她，任何非分想法都是不允许的。

女：在黄梅戏的创作上，丁老师对您也有帮助？

男：那是当然，我有几个记黄梅戏唱腔的本子，第一篇记的就是她演唱的。我写唱腔，她是第一个听众，也是第一个把关者。我写文章，她是第一个读者，也是第一个参谋。

女：在黄梅戏音乐史上，您是第一个采用总谱，又是第一个使用了混编乐队，第一个用手和板交替指挥，在《夫妻双双把家还》中第一个利用了西洋男女声二重唱的形式。对于传统戏曲的传统与革新，您持什么样的观点？

男：没有继承谈改革只能是空谈。观众买票来看黄梅戏，就是要看、要听黄梅戏的声腔和韵味，如果这些东西没有了，就是改革的失败。从作品和人物出发，不拘一格，力求达到继承与革新的和谐统一，这个是大方向。

21．"黄梅戏成全了时白林"是什么意思？
22．男的认识妻子多少年了？
23．关于他妻子，可以知道什么？
24．男的怎样看传统戏曲改革？
25．关于男的，下列哪项正确？

第 26 到 30 题是根据下面一段采访：

女：二十年前李宁品牌创立时，确定品牌标志的过程，您还记得吗？

男：当时是在很多来稿中筛选，不过我觉得当初的选择可能有百分之九十是基于我个人对李宁品牌的想象，就是说我想做的体育用品的品牌应该是什么样的动态以及状态，当然还要根据一些其他的基本知识，最终来做一个选择。

女：是什么促使您带领李宁这个品牌一路坚持，一直向前？

男：能坚持二十年做一件事，肯定要有足够的热情。也可以说是那个梦吧，做好一个中国本土体育品牌的梦。

女：我们注意到，在李宁牌发展到一定规模之后，您把具体的工作交给您信任的管理团队，开始尽量把个人的因素淡化在品牌之外，并且越来越少地出现在聚光灯下了。

男：李宁牌创立之初，我个人的因素确实比较多，但是随着我对做企业的认识在不断加深，我认为拥有一个优秀的管理层，以一种健康的方式令员工各尽其职，这是走向国际化的现代公司的运行模式。李宁牌是李宁牌，它要有自己的基因、独立的性格，它的品牌、价值内涵是独立的。我们所有的员工、投资人、消费者应该是把目光聚焦于李宁牌，而不是我李宁本人。

女：但是不可否认的是，在李宁品牌的发展过程中，您个人的巨大影响力为这个品牌赢得了很多关注和支持。

男：一九九零年我抓住了历史机遇，此后也确实是有这样的一个过程，我的影响力带动了品牌的竞争力。但那只是一个阶段，毕竟我的影响力是那个时代的特殊产物。面对未来的竞争，我肯定无法再依靠那种影响力去帮助李宁品牌赢得更多。

女：二十年的时间，李宁品牌一直在变革中求发展，而作为公司的创始人、董事长，您是这个变革过程的参与者，也是见证者。您认为在这二十年不断的变革中，不变的是什么？

男：对于这个品牌来说，不变的是"李宁"是一棵本土的苗，尽管我们公司有很多外国员工，但是没有人认为"李宁"是个洋品牌。从李宁公司的角度，我们从一开始就希望做一个中国自己体育品牌的梦。中国这些年的变化太大了，李宁公司发展的平台也大了很多，唯一不变的是我们心中的那个梦，一个做好中国自己体育品牌的梦。

26. 男的有一个怎样的梦？
27. 男的认为国际化的现代公司需要什么？
28. 最开始帮助李宁品牌赢得关注的是什么？
29. 关于男的，下列哪项正确？
30. 关于李宁品牌，下列哪项正确？

第三部分

第 31 到 50 题，请选出正确答案。现在开始第 31 到 33 题：

第 31 到 33 题是根据下面一段话：

　　从前，有个人到郊外游玩儿，走累了，便去树荫下休息。他身后是一棵高大的核桃树，浓密的树冠上结满了果子。趁着纳凉的时间，那个人饶有兴致地打量着眼前的田园风光。忽然，他发现，小小的核桃结在粗壮的大树上，大大的西瓜却结在细细的秧上。

　　那个人连连摇头，心里嘀咕："自然界中的这些现象真是荒谬啊！如果让我来改变这个世界，我会让万物回归到最合理的状态上。大西瓜长在结实的大树上，而核桃才应该结在细秧上面。"

　　话音刚落，一颗核桃掉下来，正好打在他的脑袋上。那个人跳了起来，揉着脑袋向上看，恍然大悟道："天哪，我真是自作聪明了。假如从树上掉下来的是一个大西瓜，我会被活活砸死的。"

　　万物存在都有一定道理，表面上看起来不合理的或许正是最合理的。

　　31．那个人在哪儿休息？
　　32．那个人认为什么不合理？
　　33．那个人最后明白了什么？

第 34 到 36 题是根据下面一段话：

　　英若诚小时候生活在一个大家庭里，每次吃饭都是几十口人坐在一个大餐厅中。有一次他突发奇想，决定跟大家开个玩笑。吃饭前，他把自己藏在饭厅里一个不被人注意的柜子里，想等大家遍寻不到的时候再跳出来。可让他尴尬的是，并没有人注意到他的缺席。自那以后，他就告诫自己：永远不要把自己看得太重要，否则会大失所望。

　　其实看轻自己，是一种风度、一种修养、一种境界。古往今来，没有谁是世界的中心，也没有谁一直是所有人注目的焦点。能够看轻自己，以一种平和的心态面对生活，不以物喜，不以己悲，就不会为凡尘中的各种诱惑、烦恼所左右，从而以清醒的心智和从容的步履轻松地走过人生的岁月。

　　34．英若诚把自己藏哪儿了？
　　35．英若诚为什么觉得很尴尬？
　　36．这段话想告诉我们什么？

第 37 到 39 题是根据下面一段话：

很多人觉得做公司要靠自己，其实错了。什么叫创业？创业不是说自己脑海中有一个想法，然后就一个人独自去实现它。创业者是看到了一群人有各种各样的资源，然后通过某种巧妙的借力机制，把这群人团结起来，一起来实现同样的梦想。

作为创业者，最重要的能力是组织能力。"怎么把所有的力量聚集到一起？怎么为你客户的梦想创造更有利的实现基础？"这是创业者应该思考的。

一个人的奋斗是一种孤独的奋斗，是一种艰难、痛苦的挣扎。永远不要认为创业是一个人的事，所有人都将是你的竞争对手，所有人都希望从你那儿"抢一把米"。这个世界上有很多人都可以帮助你，但是你需要向他们描绘一个美好的蓝图，告诉他们"帮助我，其实就是帮助你自己"，这并不矛盾。当你有了这种思维模式，你才能"杠杆借力"。

37．说话人不赞同哪种理念？
38．说话人认为创业最重要的能力是什么？
39．这段话主要谈什么？

第 40 到 43 题是根据下面一段话：

三到六个月的孩子，甚至已经一岁的孩子，手里拿到什么东西都会"傻乎乎"地放进嘴里。

为什么这个时期的孩子喜欢把东西往嘴里放呢？心理学研究发现，这是婴儿的一种学习行为。婴儿触摸和舔东西时，可以体会到冷、热、硬、软等不同的感觉及不同的味道。这种感觉刺激不断被大脑记忆，婴儿从经验中认识了真实的物体。这种经验积累得越多，日后孩子的感觉越灵敏。因此，父母真的没有必要阻止孩子的这种探究行为；相反，需要理智地对待孩子的这种行为。

让婴儿自己体验、体会各种事物，可以成为婴儿迅速成长的基础，这是父母培养孩子的原则之一。相反，不让吃手，不许把玩具放入口中，孩子在父母的"关心"过程中被剥夺了学习、尝试的机会，这将不利于孩子的发育。值得注意的是，许多父母至今并未意识到这个问题。

40．小孩子为什么喜欢把东西往嘴里放？
41．看到孩子吃手，父母应该怎么办？
42．根据这段话，下列哪项正确？
43．这段话主要谈什么？

第 44 到 47 题是根据下面一段话：

　　关于"年"的起源，流传着不少有趣的传说。相传古时候，有一种头如狮子、身如壮牛的怪兽，到了冬天，便要跑出山来，闯进村子，见人伤人，见畜伤畜。因此，一到冬天，人人惊恐，村村不安。大伙儿只得搬到远远的地方去逃避"年"的伤害。时间长了，人们发现"年"虽然凶猛，却也害怕三样东西：一是鲜红的颜色，二是明亮的火光，三是巨大的声响。到了冬天，凶恶的"年"快要出山进村侵扰了，村里的人相互约定，家家户户门上都挂上用红色涂抹的大木板，门口烧起旺旺的火堆，夜里大家都不睡觉，在家敲敲打打，发出巨大的声响。夜深了，"年"见处处红色，处处光亮，加上巨响遍传，十分害怕，赶紧掉头逃进山里，从此再也不出来危害村民和牲口了。后来，每到冬天，家家户户照样挂上红色木板，点起火堆，通宵敲敲打打，第二天相互道喜，欢庆平安。这样代代相传，"过年"的习俗就形成了。

　　44．为什么一到冬天，人们就感到害怕？
　　45．关于"年"，可以知道什么？
　　46．后来人们决定怎么对付"年"？
　　47．这段话主要谈什么？

第 48 到 50 题是根据下面一段话：

　　超市的商品陈列摆放是有学问的。超市在推崇消费者"自选"的同时，也会利用商品的"特殊"摆放方式来"引导"消费者购物。如果一段时间没去超市，再去时，会发现卖场货架的位置变了。从顾客的角度来说，商品摆放相对固定，再次光顾超市时，可以减少找寻商品的时间。但从超市的角度来说，长期固定货架，容易使顾客失去对其他商品的注意力，并且产生一种陈旧呆板的感觉。
　　在商品摆放一段时间后，调整货架，能使顾客在重新寻找所需商品时，被其他商品所吸引，同时对超市的变化产生耳目一新的感觉。不过这种货架摆放改变过于频繁，会引起顾客反感，认为超市缺乏科学化管理，混乱不堪，从而产生烦躁的心理。所以有的超市三五个月变一次，有的则一年一变。

　　48．根据这段话，顾客希望超市怎么样？
　　49．超市为什么要调整货架？
　　50．根据这段话，下列哪项正确？

听力考试现在结束。

H61113 卷答案

一、听 力

第一部分

1. C	2. D	3. B	4. A	5. C
6. C	7. C	8. B	9. C	10. C
11. B	12. D	13. C	14. B	15. C

第二部分

16. D	17. C	18. A	19. C	20. D
21. D	22. D	23. B	24. D	25. A
26. D	27. C	28. D	29. B	30. B

第三部分

31. B	32. D	33. C	34. A	35. A
36. D	37. B	38. A	39. D	40. D
41. B	42. C	43. A	44. D	45. B
46. A	47. C	48. C	49. D	50. D

二、阅 读

第一部分

51. B	52. A	53. B	54. B	55. C
56. A	57. D	58. B	59. A	60. D

第二部分

61. A	62. D	63. C	64. B	65. A
66. B	67. A	68. C	69. A	70. B

第三部分

71. D	72. A	73. B	74. E	75. C
76. A	77. E	78. D	79. B	80. C

81．D	82．D	83．A	84．A	85．D
86．A	87．A	88．A	89．C	90．B
91．C	92．A	93．B	94．B	95．C
96．B	97．A	98．C	99．D	100．C

三、书 写

101.（略）

国家汉办/孔子学院总部
Hanban/Confucius Institute Headquarters

新汉语水平考试

HSK（六级）

H61114

注　　意

一、HSK（六级）分三部分：

    1．听力（50题，约35分钟）

    2．阅读（50题，50分钟）

    3．书写（1题，45分钟）

二、听力结束后，有**5分钟**填写答题卡。

三、全部考试约140分钟（含考生填写个人信息时间5分钟）。

中国　北京　　　　　　　　　　国家汉办/孔子学院总部　编制

一、听 力

第一部分

第1-15题：请选出与所听内容一致的一项。

1. A 小女孩儿没花钱
   B 西瓜一块钱一斤
   C 小西瓜比大西瓜甜
   D 瓜农答应了小女孩儿的要求

2. A 第一印象很关键
   B 演讲时表情很重要
   C 演讲时间不能太长
   D 演讲要注意把握节奏

3. A 狮子是百兽之王
   B 狮子学会了雕刻技术
   C 狮子和人互相看不起
   D 那石碑是狮子雕刻的

4. A 食疗历史很长
   B 食疗有副作用
   C 良药苦口利于病
   D 食疗更适于急性病

5. A 婚姻需要经营
   B 一寸光阴一寸金
   C 感情是不能勉强的
   D 要培养良好的品德

6. A 台风也有积极作用
   B 人们无法预测台风
   C 地球温度在逐年上升
   D 台风使水资源分配不均

7. A 付出才有回报
   B 期望越高失望越大
   C 人们对亲近的人期望更高
   D 人们更容易和陌生人生气

8. A 万事开头难
   B 继承是创新的基础
   C 人无远虑，必有近忧
   D 过于强调风险会错失良机

9. A 小孩儿要去滑冰
   B 吃糖对牙齿不好
   C 小孩儿很关心老人的身体
   D 小孩儿担心老人吃他的花生

10. A 火药出现于北宋
    B 欧洲对瓷器需求很大
    C 纸的发明促进了文化交流
    D 纸的出现促进了毛笔的产生

11. A 要少吃多餐
    B 玻璃杯容易清洗
    C 玻璃杯有害健康
    D 运动后要及时补水

12. A 性格决定命运
    B 鞋要买大一点儿的
    C 要借鉴他人的经验
    D 适合自己的才是最好的

13. A 智力是天生的

    B 情商易受环境的影响

    C 情商影响人们的发展

    D 情商影响智商的发展

14. A 习惯很难改变

    B 中国人喜欢书法

    C 做人要表里如一

    D 人要有自知之明

15. A 顾客总是对的

    B 要合作也要竞争

    C 做生意就是跟人打交道

    D 打折可以吸引更多顾客

第二部分

第 16-30 题：请选出正确答案。

16. A 准备退休
    B 续写了《红楼梦》
    C 希望年轻人多读书
    D 劝阻人们续写《红楼梦》

17. A 写作时间短
    B 改变了故事结局
    C 有自己的语言风格
    D 从曹雪芹的角度去写

18. A 爱开玩笑
    B 妻子去世了
    C 身体不太好
    D 写这本书花了 10 年

19. A 受到好评
    B 无人关注
    C 引来很多争议
    D 受到年轻人的欢迎

20. A 总结自己的过去
    B 让年轻人喜欢写作
    C 将《红楼梦》拍成电影
    D 让更多人去读《红楼梦》

21. A 脚踏实地做事
    B 能够统筹兼顾
    C 合理配置资源
    D 事先做好计划

22. A 企业利润不高
    B 经历过多次失败
    C 成功需要时间检验
    D 尚未形成自己的品牌

23. A 有激情
    B 口才好
    C 谦虚谨慎
    D 有组织能力

24. A 吸引投资
    B 降低培训成本
    C 调整人才结构
    D 加大宣传力度

25. A 也很重要
    B 和能力成正比
    C 不能说明什么
    D 能通过实践获得

26. A 目标远大
    B 年龄最小
    C 常获得表扬
    D 跟不上训练进度

27. A 兴趣
    B 荣誉感
    C 经济压力
    D 队友的鼓励

28. A 很枯燥

    B 能让人心态平静

    C 反复训练很有必要

    D 会打击队员的积极性

29. A 退役了

    B 现任国家队教练

    C 被称为"跳水皇后"

    D 得过两次奥运会冠军

30. A 不够努力

    B 天分稍差

    C 心理素质好

    D 看不清自己的不足

第三部分

第 31-50 题：请选出正确答案。

31. A 珍珠不够光滑
    B 想把它变小点儿
    C 想在中间穿个洞
    D 珍珠上有个黑点儿

32. A 被毁掉了
    B 被人偷走了
    C 被做成了项链
    D 被渔夫卖掉了

33. A 资金要慢慢积累
    B 选珍珠主要看大小
    C 不要过分追求完美
    D 不要在意失去的东西

34. A 没有误差
    B 有利也有弊
    C 有双倍好处
    D 有很大的优越性

35. A 提高记忆力
    B 爱好更加广泛
    C 养成阅读的习惯
    D 智力得到很好的开发

36. A 缺少耐心
    B 在北大读书
    C 重视道德教育
    D 他孩子爱看书

37. A 要教孩子理财
    B 要做孩子的榜样
    C 多与学校老师交流
    D 发现孩子的兴趣所在

38. A 父母
    B 自己
    C 战友
    D 大学同学

39. A 能否独处
    B 生活是否充实
    C 是否见义勇为
    D 是否有许多朋友

40. A 善于倾听
    B 主动沟通
    C 无条件支持
    D 理性的关爱

41. A 猎物太少
    B 自己反应太慢
    C 没有好的猎犬
    D 注意力不集中

42. A 先赚钱
    B 请亲戚帮忙
    C 向老猎人请教
    D 换个地方打猎

43. A 扩大企业规模

B 提高员工福利

C 找出问题的根源

D 掌握市场最新信息

44. A 保养

B 财富

C 贤惠

D 幽默

45. A 心灵美

B 喜欢读书

C 面带微笑

D 平易近人

46. A 不活泼

B 非常漂亮

C 心胸狭窄

D 文化水平低

47. A 怎样让自己更年轻

B 女性如何提升气质

C 职场女性如何化妆

D 怎样获得上司的信任

48. A 雨量充沛

B 比较干旱

C 主要分布在温带

D 主要分布在寒冷地带

49. A 没有经济价值

B 可以用来制药

C 是一种农作物

D 可以美化环境

50. A 胸有成竹

B 竹子和熊猫

C 竹子的典故

D 竹子浑身都是宝

二、阅 读

第一部分

第 51-60 题：请选出有语病的一项。

51. A 艺术源于生活，又高于生活。
    B 生活不是单行线，一条路走不通，你还可以转个弯。
    C 平遥没有故宫的庄严和肃穆，它只是一座平民之城。
    D 生活中会发生什么，我们无法选择，但我们甚至可以选择怎样面对。

52. A 他永远看问题的角度跟我们不一样。
    B 千岛湖位于浙江杭州西郊淳安县境内。
    C 好消息不怕迟到，也不怕重复，怕的是不分享。
    D 初春时节，草长莺飞，正是一年当中放风筝的最佳季节。

53. A 能否保持一颗平常心是考试正常发挥的关键。
    B 要想得到别人的尊重，首先要学会尊重别人。
    C 所有的人都可能跌倒，但只有坚强的人才会再站起来。
    D 您的话费余额已不足 10 元，为保证您的正常使用，请您及时充值。

54. A 传统春节以除夕夜的鞭炮开始，以上元夜的彩灯收尾的。
    B 成功的时候不要忘记过去，失败的时候不要忘记还有未来。
    C 《天工开物》被认为是中国古代一部综合性的科学技术著作。
    D 钻石文化源远流长，今天人们更多地把它看成是爱情和忠诚的象征。

55. A 你可以低调，也可以高调，但不能跑调。
    B 人际关系被很多人视为衡量一个人社会地位的标准之一。
    C 拜年是中国民间的传统习俗，是人们辞旧迎新、相互表达美好祝愿。
    D 盐不仅是重要的调味品，也是维持人体正常发育的不可或缺的物质。

56. A 财富不是你一生的朋友，朋友却是你一生的财富。
    B 金庸创作的武侠小说构思精奇，开展了武侠小说的新天地。
    C 关于梁山伯和祝英台的爱情故事，中国民间有很多不同的版本。
    D 核桃含有较多优质蛋白质和脂肪酸，有利于促进脑细胞的生长和发育。

57. A 天下没有免费的午餐，有获得就必然有付出。
    B 不到万不得已，我是会采取那样的手段来处理这个问题的。
    C 幸福没有快车道，所有的幸福，都来自平凡的坚持和不懈的努力。
    D 企业管理水平低下和核心竞争力不足，是阻碍一些企业壮大的两大顽疾。

58． A 读书好似爬山，爬得越高，望得越远；读书又好似耕耘，汗水流得越多，收获越丰富。

B 悲观的人，先被自己打败，然后才被生活打败；乐观的人，先战胜自己，然后才战胜生活。

C 《木兰诗》和《孔雀东南飞》合称"乐府双璧"，是汉代乐府民歌中最著名的两个大代表作。

D 知人不易，自知更难。明白自己适合做什么、能够做什么，对于很多人来说，甚至比认识别人更加困难。

59． A 古代通讯技术不发达，人们就训练鸽子来传递信息，所以有"飞鸽传书"的说法。

B 有"活化石"之称的龟视为长寿的象征，在生物演化、地质变迁等方面具有重要的科研价值。

C 科学研究发现，向一个人道歉的时候，如果看着他的眼睛，更容易获得他的原谅。你注意到这一点了吗？

D 服饰应满足人类三个方面的需要，即调节体温、满足保护身体的生理需要，区别身份、表达信仰的社会需要，遮蔽弱点、突出个性的审美需要。

60． A 新疆吐鲁番盆地平均每年要刮 70 多次大风卷起漫天风沙，所以有"风库"之称。

B 一项调查结果显示，50.3%的大学毕业生在第一份工作坚持不到一年的时候就开始跳槽。

C 绿色植物在阳光的照射下，会吸收二氧化碳进行光合作用，以合成它们生长所需要的有机物。

D "尺有所短，寸有所长。"每个人都有自己的优点和缺点，要虚心学习别人的长处，来弥补自己的不足。

第二部分

第 61-70 题：选词填空。

61. 杨柳青年画题材的一大_____是娃娃，这些娃娃体态丰腴，活泼可爱。他们或手持莲花，或怀抱鲤鱼，都象征_____美好，非常_____人喜爱。

    A 形象   丰收   诱   **B** 造型   如意   哄
    C 种类   吉祥   惹   **D** 品种   和谐   逗

62. 男人哭泣比女人更容易让人觉得真诚，更容易获得积极的_____。俗话说"男儿膝下有黄金""男儿有泪不轻弹"，_____男人落泪，人们就觉得这样的感情弥足_____，令人感动。

    A 反应   一旦   珍贵   **B** 反射   一度   宝贵
    C 反驳   万一   昂贵   **D** 反思   一贯   可贵

63. 清代文学家蒲松龄在路边搭建茅草凉亭，_____过路行人所讲的故事。经过几十年如一日地辛勤搜集，加上自己_____的创作，终于完成了中国古代文学史上的_____巨著《聊斋志异》。

    A 记录   废寝忘食   辉煌   **B** 描绘   实事求是   开明
    C 复制   饱经沧桑   光彩   **D** 记载   锲而不舍   惊奇

64. 遇事不要急于下结论，_____有了答案也要等等，也许有更好的解决_____。站在不同的角度就有不同答案，要学会换位_____，特别是在遇到麻烦的时候，千万要学会等一等。很多时候不但麻烦化解了，_____好运也来了。

    A 倘若   程序   思索   忍不住
    B 假设   渠道   推理   不见得
    C 况且   方案   考察   怪不得
    D 即便   方式   思考   说不定

65. 唐朝是丝绸生产的鼎盛_____。丝绸的生产_____较前代大大地扩充了，同时，丝绸的对外贸易也得到巨大的发展。不但"丝绸之路"的通道增加到了三条，而且贸易的频繁程度也_____高涨。丝绸的生产和贸易为唐代的_____做出了巨大的贡献。

    A 年代   模式   持久   兴隆
    B 朝代   范畴   持续   兴旺
    C 时期   规模   空前   繁荣
    D 时刻   规格   再三   昌盛

66. 弟子问大师：我想知道人类什么最_____。大师回答：人们的想法总是很矛盾，人们急于成长，然后又_____叹逝去的童年；人们以健康换取金钱，不久后又想用金钱换回健康；人们对未来_____不已，却_____现在的幸福。因此，人们既不活在当下，也不活在未来。

    A 神奇   恼   焦急   忽略
    B 古怪   哀   焦虑   无视
    C 古老   悲   急躁   忽视
    D 诧异   默   忧虑   轻视

67. 来到天坛，_____高一望，满眼绿林，可以看得很远很远，在这_____和远大之中，忽然感到人的渺小。但是，天坛并不是要_____天的伟大和人的渺小，更不是让人匍匐在苍天之下，诚惶诚恐，而是让你_____到融入天地中的乐趣。

    A 迈   宏伟   鉴定   体会
    B 登   雄伟   证明   感受
    C 踩   雄厚   论证   体验
    D 跨   宏观   验证   感染

68. 著名画家徐悲鸿有一句名言："傲气不可有，傲骨不可无。"这句名言说明了一个做人的简单_____：不要在成绩面前骄傲_____，不要狂妄自大，目中无人，但也不能_____气节地一味讨好别人，_____。

    A 理论   自发   损失   半途而废
    B 原理   自主   迷失   讨价还价
    C 道理   自满   丧失   卑躬屈膝
    D 原则   满足   消失   咬牙切齿

69. 雏菊是一种野菊花。它们静静地_____在山林和田野中，将其_____得异常美丽。这些小野花平常很少被人关注，可一过了9月，天气转寒，它们就盛开了。与_____枯黄暗淡的野草相比，它们简直成为了冬季的_____主角。

    A 绽放   点缀   周边   唯一
    B 释放   蔓延   周围   孤独
    C 开放   掩饰   边缘   任意
    D 放射   装饰   边境   特定

70. 对员工的赞美是一种有效而又_____的力量。赞美能够使员工更加自信，对工作更加热爱,具有很强的_____作用,能够_____提高工作效率。_____主管，完全可以多多利用这种不需要_____、效果又很明显的"武器"。

    A 一目了然   督促   急切   负担   支出
    B 博大精深   激发   确切   充当   本事
    C 莫名其妙   刺激   确保   担任   本钱
    D 不可思议   激励   切实   作为   成本

第三部分

第 71-80 题：选句填空。

71-75.

　　在这个世界上，用钱买不来的东西有很多，信誉就是其中之一。一个人，
（71）＿＿＿＿＿＿＿，处于什么样的地位，都应该重视信誉。信誉绝不是凭空而
来的，信誉只能通过踏实的努力来获得，通过平时行为日积月累。

　　如果你能意识到，每天持续积累的小事情和最后的信誉有紧
密联系的话，（72）＿＿＿＿＿＿＿，这很重要。比如，在重要的会
议上迟到了。如果你是个平时很少迟到的有信誉的人，周围的人
都会担心你是不是发生了什么事情。但是，如果你是个平时经常
迟到的人，（73）＿＿＿＿＿＿＿，人们也只会说一句，"啊，他又
迟到了。"

　　（74）＿＿＿＿＿＿＿，但失掉信誉却非常容易。如果能试着冷静地回顾自己
过去的行为，可能会发现很多应该改正的地方。古人云："知错能改，善莫大焉。"
重要的是自己能否意识到这一点。一旦意识到有不足的地方，就需要马上改正。
（75）＿＿＿＿＿＿＿。

A 即使是真的因为发生什么事情而迟到

B 获得信誉不是一件容易的事情

C 无论拥有什么样的能力

D 行动力会带来新的信誉

E 请试着客观地重新认识自己平时的行为

76-80.

　　有一位匠人，非常擅长雕刻，他的雕刻技术远近驰名。据说，凡是经他那双手雕刻出的人物，均栩栩如生，逼真至极，甚至比模特本身更富有生气。因为这个原因，每天前来向他请教或者拜师学艺的人总是络绎不绝，（76）＿＿＿＿＿＿＿＿＿＿。他说："其实，我根本没有什么秘诀，只不过是熟练运用了一种技巧——修改，反复地修改罢了。当然，要想做到这一点，（77）＿＿＿＿＿＿＿＿＿＿，一是要把鼻子雕得大一些，二是要把眼睛雕得小一些。"

　　听到这个"秘诀"，（78）＿＿＿＿＿＿＿＿＿＿。"倘若大鼻子、小眼睛，这整个雕像不就比例失调了吗？怎么能保证生动逼真的效果呢？"有个人忍不住问了出来。

　　匠人解释道："正好相反，（79）＿＿＿＿＿＿＿＿＿＿。你想想看，鼻子大了，我们可以往小里修改；眼睛小了，我们可以再加大。但是，情况相反的话，鼻子小了如何再加大？眼睛大了如何再减小？"众人一听，顿时心有所悟。

　　无论做什么事情，（80）＿＿＿＿＿＿＿＿＿＿。否则，我们就等于自断后路，拒绝了进一步将其完善的机会和可能性。

A　大家都问他到底有什么秘诀

B　都要给自己留下相应的余地

C　只有这样才能保证比例恰到好处

D　人们面面相觑，都大惑不解

E　必须保证两个前提

第四部分

第81-100题：请选出正确答案。

81-84.

花园里并排生长着两棵柠檬树。其中一棵长得顽长，另一棵却很矮小。花园的主人比较看好长得高大的那棵树，天天精心照料它，它自然长得也更好。每次浇完水，主人都会赞美一番那棵大树，而身材矮小的那棵树却被冷落在花园的一角。

有一天，一阵大风把几粒高山雪莲的种子吹到了花园里。花园里其他的地面都被水泥硬化了，只有两棵柠檬树下有点儿土壤。种子们找到大树，请求给它们一个容身之所。大树高傲地说："这是不可能的事，这是我的地盘。"其实大树有自己的想法，它怕那些种子突然有一天会开出鲜艳的花朵，抢走它的风头。看着大树强硬的态度，种子们只能去找那棵矮树商量。矮树满口答应，说："和你们相处是我的荣幸，你们过来吧。"就这样，那些雪莲的种子在矮树下扎下根来。

过了几个星期，种子们破土而出，开出了美丽的花朵。花园的主人闻香而来，发现了那几朵雪莲。他欣喜若狂，拿出最好的肥料施给那些花，到几公里外的地方取泉水浇灌它们。矮树也从中得益，长得越来越高，有一天超过了那棵大树。它时时感恩，用自己的叶子给花儿遮阳。再看看那棵大树，虽然是盛夏季节，却因缺少呵护，只剩下歪歪曲曲的枯枝。因为没有人照料，它快要枯死了。

你对他人的态度决定了你自身的高度。

81. 关于那个花园，可以知道什么？
    A 面积非常大　　　　　　　　B 主人天天来
    C 吸引了很多路人　　　　　　D 有许多奇花异草

82. 关于那棵矮树，下列哪项正确？
    A 根系发达　　　　　　　　　B 叶子枯黄了
    C 变得高傲起来　　　　　　　D 最后超过了大树

83. 大树为什么拒绝雪莲的请求？
    A 怕被主人责骂　　　　　　　B 它们对自己不礼貌
    C 希望它们有更好的前途　　　D 担心它们抢了自己的风头

84. 上文主要想告诉我们：
    A 要饮水思源　　　　　　　　B 不要贪图小便宜
    C 与人方便，自己方便　　　　D 最大的竞争对手是自己

85-88.

中国古代神话传说中，有一位女神叫女娲。传说女娲人首蛇身，是一位善良的神，她为人类做过许多好事。传说女娲用泥土仿照自己创造了人，又替人类建立了婚姻制度，使青年男女相互婚配，繁衍后代。她还给人类造了一种叫笙簧的乐器。而使人们最为感动的是女娲补天的故事。

传说当人类开始繁衍的时候，水神共工和火神祝融突然打起仗来，他们从天上一直打到地下，闹得鸡犬不宁。结果祝融打胜了，但败了的共工不服，一怒之下，把头撞向不周山。不周山崩裂了，支撑天地的大柱折断了，天塌了半边，出现了一个大窟窿，地上出现了一道道大裂缝，山林燃起了大火，洪水从地底下喷涌出来，龙蛇猛兽也出来吞食人民。人类面临着空前的大灾难。

女娲目睹人类遭到如此奇祸，感到无比痛苦，于是决心补天，以终止这场灾难。她选用各种各样的五色石子，架起火将它们熔化成浆，用这种石浆将残缺的天窟窿填好。随后又斩下一只大龟的四脚，当做四根柱子，把倒塌的半边天支起来。女娲还擒杀了残害人民的黑龙，刹住了龙蛇的嚣张气焰。最后为了堵住洪水，女娲还收集了大量芦草，把它们烧成灰，来堵塞向四处漫延的洪流。

经过女娲一番辛劳整治，苍天总算补上了，地填平了，水止住了，龙蛇猛兽全销声匿迹了，人们重新过上了安乐的生活。但是这场特大的灾祸毕竟留下了痕迹。从此天就有些向西北倾斜，因此日月星辰都很自然地归向西方，又因为地向东南倾斜，所以一切江河都往那里汇流。

85. 关于女娲，可以知道什么？
    A 狮身人面   B 天性善良
    C 打败了共工   D 为人类牺牲了自己

86. 共工为什么要撞不周山？
    A 战败后恼羞成怒   B 要改变天地的格局
    C 想和女娲一争高下 D 想和火神同归于尽

87. 女娲挑选五色石是为了：
    A 创造人类   B 炼石补天
    C 擒杀黑龙   D 堵塞洪水

88. 下列哪项最适合做上文标题？
    A 开天辟地   B 共工之死
    C 女娲的传说   D 不周山的毁灭

89-92.

笛子是中国广为流传的吹奏乐器，大部分笛子是竹制的，但也有石笛和玉笛等。不过，制作笛子的最好原料仍是竹子，因为这种材料的笛子声音效果最好，所以笛子通常也被称为"竹笛"。

笛子一般由一根竹管做成，里面去节，在管身上开有一个吹孔、一个膜孔、6个音孔。吹孔是笛子的第一个孔，气流由此吹入，使管内空气振动而发音。膜孔是笛子的第二个孔，专用来贴笛膜。笛膜多用芦苇膜或竹膜做成，笛膜经气流振动，便发出清脆而圆润的乐音。

笛子的表现力非常丰富，它既能演奏悠长、高亢的旋律，又能表现辽阔、宽广的情调，同时还可以奏出欢快华丽的舞曲和婉转优美的小调。笛子的表现力不仅仅在于优美的旋律，它还能表现大自然的各种声音，比如模仿各种鸟叫等。笛子不但演奏技巧丰富，而且品种也多种多样，有曲笛、梆笛、定调笛、加键笛、玉屏笛、七孔笛、十一孔笛等。

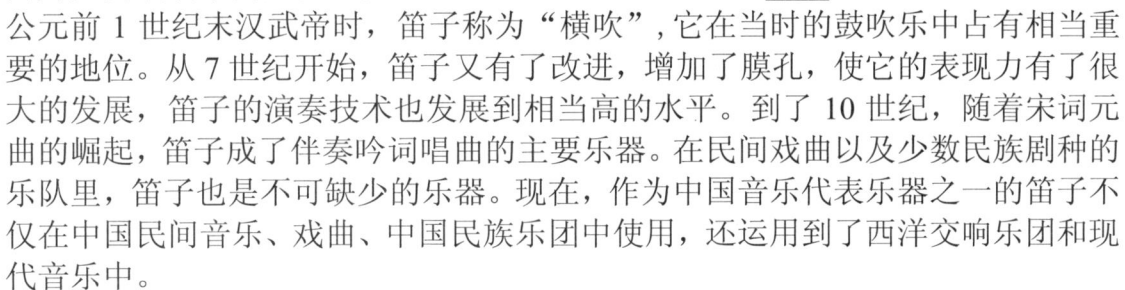

笛子虽然短小而简单，但它在中国发展的时间却不短。河南舞阳贾湖裴李岗文化墓葬出土了距今约8000年的"骨笛"。公元前1世纪末汉武帝时，笛子称为"横吹"，它在当时的鼓吹乐中占有相当重要的地位。从7世纪开始，笛子又有了改进，增加了膜孔，使它的表现力有了很大的发展，笛子的演奏技术也发展到相当高的水平。到了10世纪，随着宋词元曲的崛起，笛子成了伴奏吟词唱曲的主要乐器。在民间戏曲以及少数民族剧种的乐队里，笛子也是不可缺少的乐器。现在，作为中国音乐代表乐器之一的笛子不仅在中国民间音乐、戏曲、中国民族乐团中使用，还运用到了西洋交响乐团和现代音乐中。

89. 关于笛子的吹孔，可以知道什么？
    A 有两个
    B 专门用来贴膜
    C 是气流进入的地方
    D 在膜孔和音孔中间

90. 根据第3段，下列哪项正确？
    A 笛子极具表现力
    B 笛子更适合演奏小调
    C 曲笛的声音效果最好
    D 七孔笛比十一孔笛难吹

91. 第4段举"骨笛"的例子，是为了说明：
    A 笛子外形短小
    B 笛子很早就出现了
    C 河南的笛子最著名
    D 笛子在鼓吹乐中地位很高

92. 上文主要谈：
    A 中国的笛文化
    B 笛子的制作工序
    C 笛子的演奏方法
    D 笛子对中国音乐的影响

93-96.

明朝出了一位伟大的医学家和药物学家，他叫李时珍，是湖北蕲春人。

李时珍家世代行医。他的父亲医术很高，给穷人看病常常不收诊费，但就是不愿意自己的儿子再当医生，因为那时候，行医是被人看不起的职业。李时珍可不这样想，他看到医生能救死扶伤，解除病人的痛苦，就从小立下志愿，要像父亲一样为穷人看病。

李时珍处处留心向父亲学习，暗自记下了不少药方。有一回，父亲遇到了疑难病症，一时想不出有效的药方。李时珍凑到父亲耳边，轻轻地说了一个古方，父亲一听他说的药方正对症，才同意他学医。

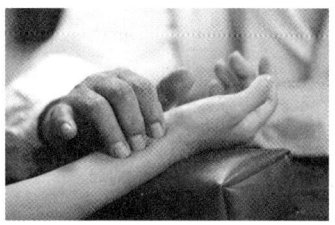

李时珍 22 岁开始给人看病，一边行医，一边研究药物。他发现旧的药物书有不少缺点：许多有用的药物没有记载；有些药物只记了个名称，没有说明形状和生长情况；还有一些药物记错了药性和药效。他想，病人吃错了药，那多危险啊，于是决心重新编写一部完善的药物书。

为了写这部药物书，李时珍不但在治病的时候注意积累经验，还亲自到各地去采药。他不怕山高路远，不怕严寒酷暑，走遍了出产药材的名山。他有时好几天不下山，饿了吃些干粮，天黑了就在山上过夜。他走了上万里路，拜访了千百位医生、老农、渔民和猎人，从他们那里学到了许多书本上没有的知识。他还亲自品尝了许多药材，判断药性和药效。

几年以后，他回到蕲春老家，开始写书。花了整整 27 年，他终于编写成了一部新的药物书，就是著名的《本草纲目》。

遗憾的是，李时珍生前并没有亲眼看到这部自己终身为之<u>呕心沥血</u>的巨著的印行。1593 年初秋，这位 76 岁高龄的老人告别人世时，《本草纲目》还在南京由书商胡承龙等人主持刻版，直到 3 年后才印刷出版。

93. 父亲为什么不让李时珍当医生？
   A 无法养家糊口　　　　　　 B 穷人付不起诊费
   C 医生辛苦且容易遇到危险　 D 当时医生的社会地位不高

94. 关于李时珍，可以知道什么？
   A 家境贫寒　　　　　 B 晚年隐居山林
   C 出生于医学世家　　 D 对西医也有研究

95. 关于《本草纲目》，下列哪项正确？
   A 出版于 1593 年秋　　 B 是一部药物学著作
   C 分为上、中、下三部　 D 是李时珍与其弟子共同编著的

96. 与上文中"呕心沥血"意思最相近的是：
   A 从容不迫　　 B 见多识广
   C 竭尽全力　　 D 精打细算

97-100.

　　航空气象预报与一般的气象预报差异非常大。航空气象预报具有及时性、精细化、国际化的特点，且预报关注点与普通气象预报有所不同。

　　市民可能对航空预报不太了解，因为人们在电视上只能看到一般的预报。航空预报只有航空公司和飞行员才能看到，也比较专业。

　　航空预报分为机场预报和高空预报两个方面。机场预报和观测报告在国际上有一些特定的格式，需要编码及解码。机场预报和机场观测报告，分别提供对未来数小时的天气预报及机场的定时观测数据，只有经过训练的航空公司签派员和飞行员才能读懂。飞机航行期间需要和很多国家交换预报资料，获得最新的预报信息。同时，飞机一般飞行在3万尺以上的高空，因此，需要专门做一些特殊的高空的天气预报图。而在高空预报方面，民航气象中心主要利用卫星资料来观测，但准确的地点和时间预报也很难。现在一些技术先进的国家正在考虑利用数值预报系统改进高空预报。

　　相对日常天气预报，航空天气预报要求的精细度更高，挑战更大。为了应对这样高要求的天气预报，民航气象中心利用人造卫星观测对流云团、台风甚至火山灰来预报高空天气。在机场天气预报方面，使用专门的仪器测量"跑道视程"，专门观测跑道上的能见度。除了机场天气预报，航空天气预报也关注机场附近的天气，包括云底高度、湿度、温度等。

　　目前，民航气象使用的比较先进的观测设备主要是天气雷达。常规的雷达可以监测雷暴和台风；先进的多普勒雷达，一般安装在机场附近，可以监测风切变；更为先进的激光雷达则用于监测晴空风切变，因为一般的雷达需要靠空气中的水汽来监测，对晴空风切变无能为力。

97. 航空天气预报跟日常天气预报相比，有什么特点？
　　A 随机性更大　　　　　　　　B 关注点不一样
　　C 播出时间不同　　　　　　　D 人员队伍规模更大

98. 关于高空预报，下列哪项正确？
　　A 技术有待改进　　　　　　　B 普通市民能看懂
　　C 要依靠飞行员的观测　　　　D 主要采用数值预报系统

99. 根据上文，下列哪项正确？
　　A 云底高度很难监测　　　　　B 航空预报需要国际合作
　　C 人造卫星主要用于机场预报　D 机场预报比高空预报更重要

100. 关于天气雷达，可以知道什么？
　　A 可以监测晴空风切变　　　　B 大多安装在机场附近
　　C 专门观测"跑道视程"　　　　D 多普勒雷达比激光雷达更先进

三、书 写

第 101 题：缩写。

    （1）仔细阅读下面这篇文章，时间为 10 分钟，阅读时不能抄写、记录。

    （2）10 分钟后，监考收回阅读材料，请你将这篇文章缩写成一篇短文，时间为 35 分钟。

    （3）标题自拟。只需复述文章内容，不需加入自己的观点。

    （4）字数为 400 左右。

    （5）请把作文直接写在答题卡上。

    张良是汉高祖刘邦的重要谋臣，在他年轻的时候，曾有过这么一段故事。

    那时的张良还只是一名很普通的青年。一天，他漫步来到一座桥上，看到桥头坐着一个衣衫破旧的老头儿。张良走过那老头儿身边时，老头儿忽然脱下脚上的破鞋子，把它丢到桥下，对张良说："去，把鞋给我捡回来。"张良觉得很奇怪，也很生气，觉得老头儿是在侮辱自己，真想上去揍他几下。可是他看到老头儿年岁已高，便忍着气走到桥下，给老头儿捡回了鞋子。谁知这老头儿得寸进尺，竟然把脚一伸，吩咐说："给我穿上。"这更让张良觉得奇怪，简直是莫名其妙。尽管张良已经很生气，但他想了想，还是决定干脆帮忙就帮到底。于是他跪下身来，帮老头儿把鞋子穿上。

    老头儿穿好鞋，踩踩脚，哈哈大笑着扬长而去。张良看着头也不回、连一声"谢谢"都没有的老头儿的背影，正在纳闷儿，看见老头儿忽然又转身回来了。他对张良说："小伙子，我看你是块儿好材料，值得培养。这样吧，5 天后的早上，你到这儿来等我。"张良深感玄妙，就诚恳地跪拜说："谢谢老先生，愿听先生指教。"

    第 5 天一大早，张良来到桥头时，只见老头儿已经先在桥头等候。他见到张良，很生气地责备张良说："同老年人约会还迟到，这像什么话呢！"说完他就起身走了。走出几步，又回头对张良说："过 5 天早上再会吧。"

    张良有些懊悔，可也无可奈何，只有等 5 天后再来。

    到了第 5 天，天刚蒙蒙亮，张良就来到了桥上，可没料到，老人又先他而到。看见张良，老头儿这回声色俱厉地责骂道："为什么又迟到呢？实在是太不像话了！"说完，十分生气地一甩手就走了。临了依然丢下一句话，"还是再过 5 天，你早早来吧。"

    张良惭愧不已。又过了 5 天，张良刚刚躺下睡了一会儿就爬了起来，还不到半夜，就摸黑赶到桥头，他不能再让老头儿生气了。过了一会儿，老头儿来了，见张良早已在桥头等候，他满脸高兴地说："年轻人就应该这样啊。"然后，老头儿从怀中掏出一本书来，交给张良说："读了这部书，就可以帮助君王治国平天下了。"说完，老头儿飘然而去，还没等张良回过神来，老头儿已没了踪影。

    等到天亮，张良打开手中的书，他惊奇地发现自己得到的是《太公兵法》，这可是天下早已失传的极其珍贵的书呀，张良惊异不已。

从此以后，张良捧着《太公兵法》日夜攻读，勤奋钻研，后来真的成了大军事家，做了刘邦的得力助手，为汉王朝的建立立下了卓著功勋，名噪一时。

　　张良能尊敬长者，宽容待人，至诚守信，做事勤勉，所以才能成就一番大事业。

H61114 卷听力材料

（音乐，30 秒，渐弱）

大家好！欢迎参加 HSK（六级）考试。
大家好！欢迎参加 HSK（六级）考试。
大家好！欢迎参加 HSK（六级）考试。

HSK（六级）听力考试分三部分，共 50 题。
请大家注意，听力考试现在开始。

第一部分

第 1 到 15 题，请选出与所听内容一致的一项。现在开始第 1 题：

1. 一个小女孩儿站在田边问瓜农："我想买西瓜，可我只有一块钱。"瓜农说："那我给你一个小西瓜。"小女孩儿说："好吧，不过你先别摘下来，我过些时候再来取。"瓜农同意了。一个月后，小女孩儿捧走了一个大西瓜。

2. 演讲者的脸部表情会给听众留下深刻的印象。紧张、喜悦等情绪都会清楚地表现在脸上，这很难由人的意志来加以控制。演讲的内容可能很精彩，但如果表情缺乏自信，演讲就很容易变得欠缺说服力。

3. 狮子与人同行赶路，他们看见一块石碑，石碑上刻着一个人征服几头狮子的画面。那人指着画面对狮子说："你看，事实证明我们比你们强得多。"狮子笑着说："如果狮子会雕刻，那么你就会看见很多人倒在狮子脚下。"

4. 食物疗法在中国已有很久的应用历史，它既不"苦口"，又无毒副作用，因此是病人乐于接受的治疗方法。食疗作用一般比较缓慢，不宜作为主要治疗手段，可作为慢性病的辅助治疗方法。

5. "人生没有彩排，每一天都是现场直播。"正因为时光流逝，一去不复返，每一天都不可追回，所以更要珍惜每一寸光阴，孝敬父母、疼爱孩子、体贴爱人、善待朋友。

6. 我们往往诅咒台风给人类带来的破坏。可是，如果没有台风，全世界的水荒会更严重；地球上的冷热会更不均衡，热带会更热，寒带会更冷，而温带将不复存在。难怪气象学家说：台风是人类生存的必需。

7. 人们更容易向和自己亲近的人发火，而不是自己讨厌的人。所谓亲近的人，就是大部分时间和自己在一起的人。我们发火往往是因为我们对自己亲近的人有更多期望，或者说，想从他们那里得到更多。

8. 对可能遇到的困难进行预防，是完全有必要的。但是，有时候过高地估计困难、强调风险，会削弱拼搏的勇气，变得瞻前顾后，缩手缩脚，以致错过成功的良机。我们得像歌词中唱的那样：该出手时就出手。

9. 椅子上坐着一位年老的妇人。一个小孩子走过来问道："老婆婆，您的牙齿还好吗？""不行了，都掉光了。"老妇人回答。小孩子高兴极了，他拿出一包花生说："那请您暂时替我照看一下，我过去玩儿一会儿球。"

10. 纸是中国古代四大发明之一，它与指南针、火药、印刷术一起，给中国古代文化的繁荣提供了物质、技术基础。纸的发明大大地促进了文化的传播与发展。

11. 别以为玻璃杯只是通透好看，在所有材质的杯子里，玻璃杯还是最健康的。玻璃杯不含有机的化学物质，不必担心化学物质会被喝进肚子里，而且杯子表面光滑，容易清洗，所以用玻璃杯喝水是最健康、最安全的。

12. 每个人都有属于自己的生活模式。适合某人穿的鞋，也许另一个人穿起来会觉得痛苦不堪。生活没有统一的标准，没有固定的模式，没有处处适用的良方。找到适合自己的生活才是最重要的。

13. 以往人们认为，一个人能否取得成功，智力水平是最重要的，即智商越高，取得成功的可能性越大。但现在心理学家们普遍认为，情商水平对一个人能否取得成功也有着重大的影响，有时甚至超过智力水平。

14. 俗话说："字是人的第二张脸。"经过几千年的积淀，"把汉字写好"已经成为很多中国人的希望。虽然不是每一个人最终都能成为书法家，但书法已经成为一种文化，潜移默化地融入到中国人的生活当中。

15. 做生意的过程实际上是与人打交道的过程。人都是有感情的，以诚待人、以情感人是生意兴隆的关键因素之一，市场营销的最高境界就是赢得和占有顾客的心，得人心者得顾客，得顾客者得市场。

第二部分

第 16 到 30 题，请选出正确答案。现在开始第 16 到 20 题：

第 16 到 20 题是根据下面一段采访：

女：二零一一年三月，著名作家刘心武推出了他历时七年完成的《刘心武续〈红楼梦〉》。此书一出，引发了很多争议。今天，我们请到了刘老师，想就这个话题跟他聊一聊。刘老师，您好。早在一九二二年，俞平伯先生就发表过《论续书的不可能》一文。他认为所有续写《红楼梦》的注定要失败，因此发出此路不通的警告，免得年轻人枉费精力。您读过俞先生的这篇文章吗？

男：以前读过。

女：您动笔之前，有没有想过俞先生的忠告？

男：没有。俞先生是红学大家，是公认的权威，我一直都很尊敬他。可我从不迷信权威，不会因为俞先生说过这样的话，就不敢去尝试。

女：历史上有不少人续写过《红楼梦》，您觉得您跟他们有什么不同？

男：他们是从自己的角度去写，而我是从曹雪芹的角度去写。在这个过程中，我不仅要揣摩曹雪芹的心理，还要模仿他的语言风格。所以，难度要比别人大得多。

女：那这个写作过程想必很苦吧？

男：苦中有乐吧。两年前，老伴儿去世了，儿子又不在身边，那个时候我心情极差，续《红楼梦》这个工作为我排遣了孤独和寂寞，从这个角度来说，我又是很快活的。

女：嗯，您在续写《红楼梦》的时候，有没有感觉到自己的语言功力稍稍差了一点儿。

男：不是一点儿啊。语言上，不仅比不了曹雪芹，就连高鹗也比不上。我已经万分小心了，可还是会闹笑话。从古人的嘴里说出现代的话。

女：书出版后引起这么大的争议，您当初想到过吗？

男：我原来觉得会有一些反响，可没想到会引来这么多批评。不过，这也是好事，至少带动了更多的人去读《红楼梦》，尤其是八零后、九零后的年轻人，我觉得这个是最大的意义。

16．关于俞平伯，可以知道什么？
17．男的觉得自己续写的《红楼梦》有何不同？
18．关于男的，下列哪项正确？
19．书出版后反响怎么样？
20．男的认为续写《红楼梦》最大的意义是什么？

第 21 到 25 题是根据下面一段采访：

女：各位网友大家好，今天我们有幸请到著名私营企业家、新希望集团董事长刘永好先生。刘先生您好，作为一位成功的企业家，您的成功主要靠什么？

男：我想，要说成功，我是相对的成功。一个企业是否成功，要看二十年、三十年甚至更长的时间。我们才十几年的历史，应该说在十几年的过程中取得一定的成绩。以前确实有不少人，有不少企业，一段时间做得非常好，一段时间又倒下去了，有人说是各领风骚三五年，所以我现在还说不清楚我们是不是真的取得了成功。但很重要的一点就是我们按照自己的意愿努力去做。十多年如一日，脚踏实地去做。我觉得这是最重要的。

女：您觉得这些经验还能适用于现在的社会吗？

男：现在是知识经济的时代，知识经济带来一些新的机会，包括金融的机会，网络、计算机、生物工程带来的机会，这些都必须在一定的基础上把握它。但是不管怎么样，关键还要靠努力去做。比如努力、信念、激情，这些东西都是共同的，不管在什么时代都应该具备。

女：您的公司最需要什么样的人才？

男：我希望是有激情、敢说敢干的。当然，还要能够掌握一些现代知识，不怕吃苦，能够拼搏的，这样的一些人，如果再有一定的经验会更好。今年我们投资了两千多万，正在建一个培训中心，我们希望吸收一些新鲜的"血液"，使得我们企业的整个人才结构做一个新的调整。我想这对我们的企业发展是有利的。

女：在选择人才的时候您会看重学历吗？

男：学历当然重要，它标志着对知识的掌握程度，但是学问、知识或者本领，并不只是在学校中才能学到，更重要的是通过社会的实践。一个人的素质通过学校的学习可以提高，通过实践的锻炼，也可以提高，要看你的努力、你的天分、敬业精神，当然还有机遇。

21．男的认为成功主要靠什么？
22．男的为什么说自己的成功是相对的？
23．男的欣赏什么样的人？
24．男的为什么要建培训中心？
25．男的怎样看待学历？

第 26 到 30 题是根据下面一段采访：

男：各位网友大家好，现在我们请到的嘉宾是中国有名的跳水队员吴敏霞。

女：大家好，我是吴敏霞。

男：据说很多人都是在年龄很小的时候进入跳水队，几年甚至是十几年跳下来，慢慢就成了队伍当中的老大，从你的亲身经历来看，是这样的吗？你还记得自己刚进跳水队的时候是什么样子吗？

女：是这样的。一九九八年刚到国家队那会儿，我的年龄是最小的。那时候每天就是跟着训练，自己也没有什么太多的想法，更多的就是想快点儿进步，能够跟上国家队的这个队伍。队伍里的姐妹们相互照顾，相互鼓励，一点一点帮助我成长起来。

男：其实我们在看跳水的时候享受的是那几秒钟的美丽，但是为了那种美丽，你付出的是每天十几个小时的努力。短时间下来可以理解，但是一跳就跳了十多年，是什么东西在支持着你？

女：其实跳水就跟你们的工作一样，它也是我们的一项工作。但是只要你对这项工作感兴趣，就会去坚持，也会有梦想。所以我觉得跳水就是我的一种兴趣，一个努力的方向吧。

男：为了跳好一个动作，可能会成千上万次地重复这个动作，这是一种在我们看来比较枯燥的过程。你是怎么看这样的过程的？

女：在比赛的时候自己可能会出现不同的情况，比如心情和身体的感觉，你不知道正式上场时会有什么样的想法和情绪，所以我们在训练中必须反复地练习一个动作，做到在不同的环境下都能把这个动作适应好，都把它练稳，才能真正在比赛的那一刻发挥出应有的水平。

男：我们都知道你已经连续夺得了二零零四年、二零零八年两届奥运会女子跳水双人三米板冠军。你说你还有梦想和目标，这个梦想和目标是奥运会的单人冠军吗？

女：我觉得我就是在为二零一二年伦敦奥运会努力。不管怎么样，我觉得作为一个运动员没有这样的梦想和动力的话，她就达不到这样一个成功的台阶。如果说天分的话，我觉得我可能比别的运动员差一点儿，但是为了弥补自身的不足，我会在平时付出更多。所以我在为二零一二年而拼搏，而不是在为某一个细小的目标拼搏。

26．女的刚进国家队时是什么情况？
27．是什么让女的坚持了下来？
28．女的怎么看跳水训练的过程？
29．关于女的，可以知道什么？
30．女的怎么评价自己？

第三部分

第 31 到 50 题，请选出正确答案。现在开始第 31 到 33 题：

第 31 到 33 题是根据下面一段话：

　　从前，有个渔夫从海里捞到一颗大珍珠，他爱不释手。但美中不足的是，珍珠上面有一个小黑点儿。渔夫心想，若能将小黑点儿去掉，珍珠将会变成无价之宝。于是，他就用刀去刮珍珠上的黑点儿。可是，刮掉一层，黑点儿仍在；再刮一层，黑点儿还在；刮到最后，黑点儿的确消失了，可珍珠也不复存在了。

　　人们往往因为坚持完美而失去了一些他们原本可以拥有的东西。追求完美无缺的事物，本是无可厚非的，然而，这种愿望落空也是经常发生的事情。人们是不可能拥有绝对完美的。

　　31．渔夫为什么要用刀刮珍珠？
　　32．那颗珍珠最后怎么了？
　　33．这段话想告诉我们什么？

第 34 到 37 题是根据下面一段话：

　　研究发现，十四岁以前是一个人智力开发的关键时期，这个时期一个人的智力开发，几乎可以占智力开发总量的百分之九十。这是一把双刃剑，就是说，一个学生如果在十四岁之前学到他感兴趣的东西，他的智力将会得到极大的开发，他焕发出的能量甚至是成年人无法想象的。我的孩子小时候喜欢看小人书，有一次我给她买了一套《葫芦娃》，她妈便按着文字给她讲了一遍，没想到就讲了这一遍，毫不识字的她几乎就能复述下来。由此我发现了孩子的阅读能力，便不断地跑书店给她买书，结果培养了孩子博览群书的好习惯，也为她以后轻松考取北京大学打下了坚实的基础。

　　反之，如果十四岁之前，孩子学的是他不感兴趣的东西，甚至大人强迫孩子学习他不愿意学的东西，那么他的智力很大程度上将会被扼杀。所以在孩子智力开发的关键时刻，一定不要逼着孩子去干他不想干的事。反观现在很多家长，违背孩子意愿给孩子报了很多学习班，当然他们的愿望是好的，但造成的后果是严重的。如果你觉得学某样东西对孩子很重要，那么应该先观察孩子是否对这样东西感兴趣。

　　34．"双刃剑"最可能是什么意思？
　　35．十四岁前学感兴趣的东西会怎么样？
　　36．关于说话人，可以知道什么？
　　37．根据这段话，家长应该注意什么？

第 38 到 40 题是根据下面一段话：

　　人生在世，不能没有朋友。在所有朋友中，不能缺了最重要的一个，那就是自己。缺了这个朋友，一个人即使朋友遍天下，也只是表面的热闹而已。

　　一个人是不是自己的朋友，有一个可靠的测试标准，就是看他能否独处，独处时是否感到充实。如果他害怕独处，一心想逃避自己，他当然不是自己的朋友。

　　能否和自己做朋友，关键在于有没有另一个"自我"。它实际上是一个人的更高的自我，这个自我以理性的态度关爱着那个在世上奋斗的自我。理性的关爱，这正是友谊的特征。有的人不爱自己，一味自怨，仿佛是自己的仇人。有的人爱自己却没有理性，一味自恋，俨然是自己的情人。在这两种场合，更高的自我都是缺席的。

　　成为自己的朋友，这是人生很高的成就。

　　38．根据这段话，最重要的朋友是谁？
　　39．那个测试的标准是什么？
　　40．什么是友谊的特征？

第 41 到 43 题是根据下面一段话：

　　齐国有一个喜欢打猎的人，花费许多时间去打猎，结果却是一无所获。回家后觉得愧对家人，出门又觉得没脸见邻里好友。他仔细琢磨为何自己老是打不到猎物，最后才明白是因为猎狗不好。可是因为家贫，没办法得到好的猎狗。于是他想回到自己田里努力耕种，有收获之后便可买一只好的猎犬，等到有一只好猎犬时，便容易捕获野兽，实现自己成为一个好猎人的心愿。

　　"工欲善其事，必先利其器。"但是应该具备哪些器具，才能善其事呢？这可能是更重要的课题。

　　很多企业，员工每天辛辛苦苦从早忙到晚，领导者也是天天加班又加班，可惜效益就是上不去。为什么？基础建设没打好，员工技能低，管理制度不完善等等，都可能是根源所在。全身心投入经营的企业家唯有不断思考这个问题，摸索出答案，方能取得成功。

　　41．那个猎人为什么打不到猎物？
　　42．那个猎人想怎样解决问题？
　　43．根据这段话，企业家怎样才能取得成功？

第 44 到 47 题是根据下面一段话：

女人爱美，讲究气质。在一般人的观念里，总认为只有通过保养、装扮、训练等才可以提升女性的魅力，甚至认为这些才是女性的魅力之本。其实，这些只是塑造魅力的手段和方法。事实上，任何魅力女性，必定是内秀的。女人的内秀需要日久天长的培养。女人有十分美丽，但如果不读书，将失掉七分内涵。书是修炼魅力之路上最值得信赖的伙伴，有了好书籍相伴左右，女人就能拥有一颗属于自己的心灵，拥有丰富的情感体验，不再畏惧年龄，不会因额头上几条皱纹而苦恼。所以说，爱读书的女人最美。容颜易老，但气质不会老去，因为气质时时有补给。爱读书的女性就像天使一样，不但自己美，也能影响和温暖她的周围。如果胸无点墨，华丽的衣服装饰只会给人以肤浅的感觉。女人的气质美，是女人美的全部表现。气质美，会使男士们忽视其容貌而关注其内在美。气质美的女性，即使长相差点儿也会很有女人味。

44．一般人认为什么可以提升女性魅力？
45．说话人认为什么样的女人最美？
46．"胸无点墨"主要是什么意思？
47．这段话主要谈什么？

第 48 到 50 题是根据下面一段话：

竹子主要分布在热带及亚热带地区，少数分布在温带和寒带。它对水热条件要求特别高，所以雨量充沛、热量稳定的地区，是竹子生长最理想的生态环境。竹子四季常青，无论是夏天还是冬天，总是蓬勃生长。竹子不仅可以做观赏植物，美化环境，还有许多其他的用途。在中国，自古以来，人们就喜欢用竹子做成各种各样的生活用品，如桌子、椅子、竹席，还有梳子、牙签等。云南的少数民族还用竹子修建房屋，引水等等。竹子也可以用于工业，做成纸张，供我们读书写字。另外，人们去饭店吃饭，总忘不了来一盘竹笋炒肉。竹子全身都是宝，它是一种很有价值的植物。

48．竹子的生长环境有什么特点？
49．关于竹子，下列哪项正确？
50．下列哪项最适合做这段话的标题？

听力考试现在结束。

H61114 卷答案

一、听 力

第一部分

1. D	2. B	3. C	4. A	5. B
6. A	7. C	8. D	9. D	10. C
11. B	12. D	13. C	14. B	15. C

第二部分

16. D	17. D	18. B	19. C	20. D
21. A	22. C	23. A	24. C	25. A
26. B	27. A	28. C	29. D	30. B

第三部分

31. D	32. A	33. C	34. B	35. D
36. D	37. D	38. B	39. A	40. D
41. C	42. A	43. C	44. A	45. B
46. D	47. B	48. A	49. D	50. D

二、阅 读

第一部分

51. D	52. A	53. A	54. A	55. C
56. B	57. B	58. C	59. B	60. A

第二部分

61. C	62. A	63. A	64. D	65. C
66. B	67. B	68. C	69. A	70. D

第三部分

71. C	72. E	73. A	74. B	75. D
76. A	77. E	78. D	79. C	80. B

第四部分

81. B	82. D	83. D	84. C	85. B
86. A	87. B	88. C	89. C	90. A
91. B	92. A	93. D	94. C	95. B
96. C	97. B	98. A	99. B	100. A

三、书　写

101.（略）

国家汉办/孔子学院总部
Hanban/Confucius Institute Headquarters

新汉语水平考试

HSK（六级）

H61115

注　意

一、HSK（六级）分三部分：

1. 听力（50题，约35分钟）

2. 阅读（50题，50分钟）

3. 书写（1题，45分钟）

二、听力结束后，有**5分钟**填写答题卡。

三、全部考试约140分钟（含考生填写个人信息时间5分钟）。

中国　北京　　　　　　　　　国家汉办/孔子学院总部　　编制

一、听 力

第一部分

第1-15题：请选出与所听内容一致的一项。

1. A 欧阳修的老师很严厉
    B 欧阳修害怕老师责骂
    C 欧阳修对自己要求严格
    D 夫人支持欧阳修修改文章

2. A 不能欺骗孩子
    B 威胁不是管教方法
    C 赞扬对男孩子更有效
    D 赞扬让孩子充满自信

3. A 学生迟到了
    B 老师看球赛了
    C 老师觉得很抱歉
    D 学生想去踢足球

4. A 要勇于承认错误
    B 欣赏也是一种学习
    C 奉献让人感到快乐
    D 适合自己的才是最好的

5. A 金牌得主最满意
    B 银牌得主最遗憾
    C 铜牌得主压力最大
    D 人们对银牌得主期待最高

6. A 要三思而后行
    B 可以表达不同观点
    C 不要轻易表露自己的观点
    D 观点相同能让人关系亲密

7. A 学无止境
    B 学习是自己的事
    C 学习不能三心二意
    D "举一反三"是一种学习能力

8. A 魔术师普遍智商很高
    B 传统的东西不太受欢迎
    C 变脸已经失去了生命力
    D 有些东西不一定要看透

9. A 反省要适度
    B 要学会时刻反省
    C 做事情不能冲动
    D 反省的过程很复杂

10. A 光明无处不在
    B 痛苦是有价值的
    C 阅读让人变得更成熟
    D 黑夜遮住了我们的眼睛

11. A 交友要慎重
    B 人的潜力是无限的
    C 成功需要别人的帮助
    D 不要忽略眼前的幸福

12. A 阿来是著名作家
    B 阿来是个多产的作家
    C 阿来创办了《科幻世界》
    D 《科幻世界》销量过百万了

13．**A** 明天会更好

    B 创新才能进步

    C 应该享受生活

    D 生活是简单的

14．**A** 跳槽多与待遇有关

    B 要了解自己的需求

    C 入职培训十分必要

    D 企业需要诚实的员工

15．**A** 知足者常乐

    B 人需要有压力

    C 骄傲使人落后

    D 有梦想才能成功

第二部分

第 16-30 题：请选出正确答案。

16. A 独立思考
    B 勤奋工作
    C 帮助别人
    D 实事求是

17. A 身体健康
    B 孝顺父母
    C 做最优秀的
    D 做贤妻良母

18. A 做孩子的朋友
    B 教孩子怎样做人
    C 帮助孩子实现愿望
    D 为孩子提供好的环境

19. A 深受母亲影响
    B 无暇照顾子女
    C 做过教育部部长
    D 喜欢读人物传记

20. A 男女平等
    B 女性要有爱心
    C 女性贡献很大
    D 女性要自信自尊自强

21. A 钢琴神童
    B 音乐王子
    C 当代肖邦
    D 明日之星

22. A 运气很好
    B 兴趣广泛
    C 有运动天赋
    D 缺乏大赛经验

23. A 烹饪
    B 看动画片
    C 读汽车杂志
    D 收集汽车模型

24. A 发挥失常时
    B 觉得疲惫时
    C 被别人误解时
    D 无法超越自己时

25. A 生活节俭
    B 对音乐不够敏感
    C 对饮食十分挑剔
    D 参加过很多重要比赛

26. A 自由
    B 天伦之乐
    C 娱乐的机会
    D 舒适的生活

27. A 有丰厚的报酬
    B 获得了成功的喜悦
    C 得到了父母的认可
    D 有丈夫的理解与支持

28. **A** 50 岁以后

   B 感到厌倦时

   C 身体不适合运动时

   D 获得下一个冠军以后

29. **A** 有自己的事业

   B 父母健康长寿

   C 有能力帮助他人

   D 做个快乐的家庭主妇

30. **A** 演员

   B 飞行员

   C 网球运动员

   D 田径运动员

第 31-50 题：请选出正确答案。

31. A 交 5 元罚款
    B 向老师道歉
    C 打扫幼儿园
    D 提前来接孩子

32. A 堵车更严重了
    B 幼儿园附近在修路
    C 家长的内疚感消失了
    D 家长觉得新规定不合理

33. A 惩罚无益解决问题
    B 犯错就要付出代价
    C 沟通才能化解矛盾
    D 应加大公共交通的投资

34. A 很时髦
    B 很全面
    C 太笼统
    D 很有道理

35. A 交往是有层次的
    B 君子之交淡如水
    C 商人没有真正的朋友
    D 近朱者赤，近墨者黑

36. A 要广交朋友
    B 不要依赖朋友
    C 要交真正的朋友
    D 对朋友应心怀感激

37. A 齐军损失惨重
    B 齐军取得了胜利
    C 战争持续了两年
    D 有很多士兵生病

38. A 缺少棉衣
    B 遇到了埋伏
    C 大雪挡住了路
    D 在山谷中迷路了

39. A 指鹿为马
    B 雪中送炭
    C 迷途知返
    D 老马识途

40. A 长相影响收入
    B 女性更易获得信任
    C 男性收入普遍比女性高
    D 着装影响人们的自信心

41. A 外表决定成败
    B 不必太在意外表
    C 年轻的外表更受欢迎
    D 外表包括的范围很广

42. A 忠诚
    B 口才
    C 能保守秘密
    D 积极的态度

43. A 有专长

    B 能吃苦

    C 有野心

    D 平易近人

44. A 没向导

    B 年纪很大

    C 不了解行程

    D 一直很振奋

45. A 路程最短

    B 心中有数

    C 有交通工具

    D 更重视荣誉

46. A 结果出乎意料

    B 是一次长跑比赛

    C 每组有 10 名成员

    D 前两组人都出现情绪低落

47. A 要有团队精神

    B 行动要明确目标

    C 过程比结果重要

    D 要善于控制情绪

48. A 大脑更发达

    B 免疫力更强

    C 大脑受刺激较少

    D 会加大脑血管病几率

49. A 双手

    B 大脑

    C 脑细胞

    D 脑血管

50. A 懒人容易大脑早衰

    B 脑力劳动者寿命更长

    C 经常运动的人更聪明

    D 老年人心理承受能力更强

二、阅 读

第一部分

第 51-60 题：请选出有语病的一项。

51. A 龙凤胎就是即性别不同的双胞胎。
    B 我们无法选择自己的出生，但可以选择自己的未来。
    C 《高山流水》是古筝的代表曲目，为中国十大古曲之一。
    D 孙思邈是唐朝著名的医学家和药物学家，被人们誉为"药王"。

52. A 批评孩子时，要注意别伤了孩子的自尊心。
    B 快 9 点半了，我怕耽误他休息，便起身告辞。
    C 这家银行目前在全球 76 个国家 1300 万客户提供服务。
    D 他们看到了这个尚待开发的市场中所蕴藏的巨大商机。

53. A 要想取得出众的成就，就必须有走在前面的勇气。
    B 中秋节的习俗很多，寄托了人们对美好生活的向往。
    C 分红是指股份公司每年按股票份额的一定比例支付给投资者红利。
    D 入春以来，南方局部地区出现雷雨、大风、冰雹等强对流天气比较频繁。

54. A 牛郎织女的爱情故事在中国几乎家喻户晓。
    B 分析问题既要全面，又要切中要害，不能"眉毛胡子一把抓"。
    C 执行标准并不困难，更难的在于是持之以恒、不找借口、不打折扣。
    D 很多时候，学习的最大障碍来自我们已知的部分，而不是未知的部分。

55. A 其实，用新的眼光去观察比观察新事物更为重要。
    B 那位教练来了以后，他们队的水平得到了明显的提高。
    C 给压岁钱是长辈对晚辈的一种关爱，含有平安吉祥的寓意。
    D 孩子们常常希望自己迫不及待地长大，而当他们长大后又开始怀念童年。

56. A 放弃阅读，就等于自愿走在黑暗的隧道里。
    B 不能用人之专长，势必会阻碍人才发挥作用。
    C 阮教授没有直接回答，只是做了个手势，意思我跟他去。
    D 学会体谅他人并不困难，只要你愿意站在对方的角度和立场看问题。

57. A 《百家姓》与《三字经》《千字文》并称为三大蒙学读物。
    B 16 日，篮协公布了中国男篮参加亚锦赛东亚预选赛的球员名单。
    C 再烦，也别忘记微笑；再急，也要注意语气；再苦，也别忘记坚持。
    D 关于火山的喷发情况，可以将火山分为死火山、休眠火山和活火山。

58. A 泪水和汗水的化学成分相似，但前者只能为你换来同情，后者却可以为你赢得成功。

　　B "二月二，龙抬头"是中国民间广为流传的一句谚语，表示春季来临，开始万物复苏。

　　C 让大家畅所欲言，各抒己见，有利于调动更多人的积极性，集中更多人的智慧，把事情办好。

　　D 人的一生中，思前想后、犹豫不决固然可以免去一些做错事的可能，但也会失去很多成功的机遇。

59. A 《说文解字》是中国第一部以"六书"理论系统分析汉字字形、解释字义的字典。

　　B 每个教师都应尽量利用课堂教学唤起学生对所学科目的兴趣，使学生产生学习的欲望变得更强。

　　C 人生就像一张有去无回的单程车票，没有彩排，每一场都是现场直播，把握好每次演出便是对人生最好的珍惜。

　　D 尽管在经济高速发展的现代社会，人们大多呈现出外向的一面，但是有研究表明，内向者与外向者的人数基本持平。

60. A 苏州地处温带，四季分明，气候温和，物产丰富，是闻名遐迩的"鱼米之乡"。

　　B 以"色绿、香郁、味甘、形美"而著称于世的龙井茶，在历史上留下了不少神奇的传说。

　　C "种瓜得瓜，种豆得豆。"做了什么事就会得到什么样的结果，付出多少努力就会收获多少成果。

　　D 城市原住民的生活和风俗传统这些非物质文化遗产的保护非常重要，何况这些东西丢失了，那么城市最重要的精神个性就没有了。

第 61-70 题：选词填空。

61. 中国建筑，从古代_____到近代的一般住房，绝大部分是对称的，左边怎么样，右边也怎么样。苏州园林可绝不_____对称，好像故意_____似的。

    A 宫殿　　　讲究　　　避免　　　　　**B** 屋子　　　宣扬　　　遵循
    C 砖瓦　　　强调　　　逃避　　　　　**D** 框架　　　追究　　　回避

62. 做生意如同下棋，普通人只能看到眼前的一两步，_____的棋手却能看出后面的五六步。遇事能处处_____，比别人看得更远、更准，这便是优秀的职业经理要具备的_____。

    A 高尚　　　留神　　　因素　　　　　**B** 高超　　　留念　　　要素
    C 高级　　　留恋　　　元素　　　　　**D** 高明　　　留心　　　素质

63. 一个经历过社会炎凉的企业家说："人的尊严靠_____。"一个经历过艰辛研究的学者说："人的尊严靠知识。"一个经历过几十年_____的哲学家说："人的尊严靠思想。"_____，经历不同的人，对尊严的理解也各不相同。

    A 财政　　　思索　　　总而言之　　　**B** 财富　　　探索　　　由此看来
    C 财产　　　探测　　　迄今为止　　　**D** 富裕　　　探讨　　　众所周知

64. 在古代，人们常用菊花配制食品，如菊花羹、菊花糕。菊花还可制成枕头，其清新的_____能够明目，降血压。菊花的品种繁多，_____变化多样，非常迷人。菊花还有内在美，人们常_____菊花以某种象征意义，如坚韧、勇敢等美好的_____。

    A 气味　　　形态　　　赋予　　　品质
    B 口味　　　形状　　　给予　　　品行
    C 风味　　　状态　　　授予　　　品德
    D 气色　　　情形　　　赐予　　　实质

65. 裁判员必须拥有健康的_____，特别要具备其职业所需的速度和耐力。要经常进行身体锻炼，有计划和有系统地进行身体_____。只有这样，才能精神_____，头脑清楚，反应迅速，才能_____紧张地进行工作，才能适应运动场上发生的一切。

    A 体魄　　　训练　　　饱满　　　连续
    B 魄力　　　培训　　　饱和　　　陆续
    C 气势　　　操练　　　丰满　　　不断
    D 气魄　　　操纵　　　圆满　　　连忙

66. 国子监是隋朝以后的中央官学，为中国古代教育_____中的最高学府。由于首都北_____，明朝在北京、南京_____设有国子监。国子监接纳全国各族学生，还接待外国学生，为促进中外文化的交流_____了积极的作用。

   A 系列　　　移　　　各自　　　发扬
   B 系统　　　跨　　　单独　　　发动
   C 团体　　　挪　　　必定　　　发布
   D 体系　　　迁　　　分别　　　发挥

67. 蓝色地带，专指世界上长寿人口比例很高的地区。在这些地方，人们的寿命长得_____，他们到了 90 岁、100 岁还依然_____良好的身体状态和生活能力。_____是什么呢？这些美好的生命传奇和他们的生活习惯密切相关，长寿秘诀就隐藏在他们吃的食物、_____的伙伴以及他们的价值观中。

   A 难能可贵　　　占有　　　机密　　　交叉
   B 不可思议　　　拥有　　　秘密　　　交往
   C 不相上下　　　拥护　　　奥秘　　　交涉
   D 不言而喻　　　占据　　　焦点　　　交换

68. 《剪窗花》这个作品描绘了陕北妇女家庭生活的情景。那位妇女_____地坐在炕上，在剪过新年时用的窗花，一双儿女陪伴在左右。母亲_____出从容自信的神态，孩子们_____着母亲手里的活计，眼中全是好奇。整幅画面充满着_____的气氛。

   A 吉祥　　　展示　　　望　　　热烈
   B 安宁　　　暴露　　　眨　　　活跃
   C 安详　　　流露　　　盯　　　喜悦
   D 慈祥　　　流传　　　睹　　　融洽

69. 一两次的_____不代表永远的失败，几次的成功也不意味着你是个_____。保持积极向上的_____，审视自己并_____自己的不足，才是通向成功的处世之道。

   A 挫折　　　天才　　　心态　　　弥补
   B 曲折　　　人才　　　心灵　　　补救
   C 转折　　　英雄　　　姿态　　　削弱
   D 折磨　　　专家　　　良心　　　补偿

70. 当太阳带电粒子进入地球磁场时，地球南北两极附近的夜空中，会出现_____美丽的极光。极光是地球南北极地区所特有的自然_____。如果有机会亲眼看到极光，你一定会惊叹于大自然的_____，甚至会产生_____之情。

   A 耀眼　　　景色　　　欣欣向荣　　　畏惧
   B 灿烂　　　奇观　　　奇光异彩　　　敬畏
   C 珍贵　　　背景　　　出神入化　　　恐惧
   D 崭新　　　真相　　　日新月异　　　崇敬

第三部分

第 71-80 题：选句填空。

71-75.

恋爱可以引发很多不可思议的心理效应。比如，相恋的男女，当遇到外界的阻力时，（71）＿＿＿＿＿＿。

一般情况下，我们会认为那些门当户对、没有任何阻力、受到周围人祝福的爱情才会发展得比较顺利。实际上，越是受到外界的阻力，（72）＿＿＿＿＿＿，越能加深恋人之间的感情。

（73）＿＿＿＿＿＿，他们会产生一种"不快感"。此时，要消除这种"不快感"的心理效应就开始起作用。由于人的心理无法改变外界障碍的现状，于是就加深感情以逾越障碍。此外，人们还会产生错觉，（74）＿＿＿＿＿＿，把逾越障碍的成就感转换为恋爱的感情。

很多为了躲避家人的反对而私奔的情侣，在别人眼中他们演绎的是"轰轰烈烈的爱情"，但出人意料的是，（75）＿＿＿＿＿＿。受外界阻力而激发、升温的爱情，往往经受不住悲伤的考验。两个人一旦遇到悲伤的挫折，爱情就容易产生裂痕。

A 比如双方父母的强烈反对

B 当彼此相爱的两个人遇到障碍、不得不分手时

C 这样成就的婚姻很多最终都走向了离婚

D 这种阻力反而会促成他们的姻缘

E 把战胜困难的力量误认为是爱情的力量

76-80.

　　倪匡先生早年在上海生活，家境贫寒。后来漂泊到香港，四处打工，有时一天只能赚到几块钱。一个偶然的机会，他开始给报纸投稿，（76）_____，从此他走上了写作之路。

　　他没受过正规的学校教育，只在夜校读过一段时间，但凭借勤奋好学、不服输的精神，（77）_____。他的写作面极广，而且写作速度极快，一个小时能写 4500 字。最得意的时候，（78）_____。几十年来，他创作了卫斯理、原振侠等深受读者欢迎的人物，掀起一股科幻小说热潮，还有许多作品被改编成电视、电影。

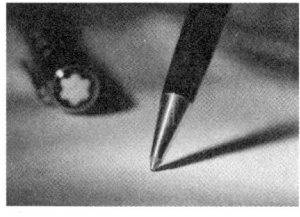

　　几年前，他突然宣布封笔，在读者中引起了极大震动。被问到原因时，倪匡先生笑呵呵地解释说："过去写了四五百本书，从未有过写到一半儿便再也写不出来的情形，但现在写《只限老友》，（79）_____，写出来自己读着也不满意。我是第一个读者，自己都不满意，别人也不会满意。人生总有'配额'，我的已经用完了，现在写 100 个字都很困难。"

　　外人看来，到了这种境地，多少有点儿英雄暮年的无奈，（80）_____，毫无伤感之情。也许坦然迎接生命中的每一个季节也是一种能力、一种勇气。

A　很快就在竞争激烈的香港文学圈站稳了脚

B　他曾同时为 12 家报纸写连载小说

C　收入居然比打工要好得多

D　但倪匡先生对此却很坦然

E　却多次发生这种状况

第四部分

第81-100题：请选出正确答案。

81-84.

　　同样是面食，发酵后的馒头、面包、花卷、发糕比大饼、面条儿等没有发酵的食品营养更丰富。原因就在于所使用的酵母。研究证明，酵母不仅改变了面团结构，让其变得更松软好吃，还大大地增加了营养价值。

　　酵母富含多种维生素、矿物质和酶类。每一公斤干酵母所含的蛋白质，相当于5公斤大米、两公斤大豆的蛋白质含量。因此，馒头、面包中所含的营养成分比大饼、面条儿要高出3-4倍。酵母还是很强的抗氧化物，可以保护肝脏，有解毒作用。发酵后，面粉里有一种影响钙、镁、铁等元素吸收的植酸可被分解，从而提高人体对这些营养物质的吸收和利用。

　　发酵过程中要消耗碳水化合物的能量，所以发酵的面食热量较低，是减肥人士的首选健康食品。酵母有帮助消化的作用，馒头、面包比同样体积的米饭热量要低，前者只相当于后者的一半儿，脂肪和糖类含量也比米饭低，所以主食吃馒头、发糕，感觉饿得快。

　　发酵的主食最好选择早上吃。经过一夜的睡眠，清晨起床后身体还未被"激活"。如果吃油炸的食物，不易被胃肠消化吸收。馒头、花卷儿等食物再配以豆浆或牛奶等，是个不错的选择。需要提醒的是，糖尿病人最好不要选择发酵面食。

81. 酵母可以保护肝脏，是因为酵母：
　　A 含有植酸　　　　　　　　　B 有解毒作用
　　C 富含维生素　　　　　　　　D 能改变食物的结构

82. 关于发酵食品，可以知道：
　　A 热量很高　　　　　　　　　B 不易消化
　　C 有利于减肥　　　　　　　　D 蛋白质含量较少

83. 根据上文，下列哪项正确？
　　A 吃馒头不容易饿　　　　　　B 发酵食品对胃不好
　　C 糖尿病人要少吃馒头　　　　D 大米的蛋白质含量比大豆高

84. 上文主要讲的是：
　　A 酵母的制作流程　　　　　　B 发酵食品的好处
　　C 发酵食品的营养成分　　　　D 糖尿病人的饮食禁忌

85-88.

人生到底有多少天？不同的人有不同的答案。在我看来，人的一生只有三天：昨天、今天、明天。经营好这三天，就经营好了一生。

昨天的日子很长，但不管有多少天，也不管是受到挫折，还是取得辉煌，都不能代表将来。比如昨天贫困潦倒的人将来可能会变成富翁；昨天锦衣华食的人将来可能沦为乞丐。这就是<u>三十年河东三十年河西</u>。世上没有永远的胜利，也没有永远的失败，胜利和失败在合适的条件下是能够转化的。因此，我们不必为昨天的挫折而萎靡不振，也不必为昨天的辉煌而狂妄自大。只有把过去的挫折和辉煌都作为今天的垫脚石，才能攀登美好的明天。

今天的日子很短，而且正在自己的脚下以秒计算地流逝。今天是昨天和明天的接力处，接力棒交得好，便会走向辉煌的明天；接力出问题，便会前功尽弃。因此，面对今天，我们不要总是怀念过去，过去的就让它过去。只有从零开始，脚踏实地，全身心地经营好今天，才会结出丰硕的果实。今天的事一定要今天完成，绝不能推到明天。如果总是今天望明日，结果不但今天没有经营好，明天也悄悄地溜走了。

明天的日子还有多长？谁也说不清。明天是辉煌，还是落败？谁也道不明。明天既向我们显示机遇，又向我们发出挑战。明天的希望是美好的，但路途绝不平坦，到处布满荆棘。但有一点是可以肯定的，那就是花好月圆的明天只接纳奋斗不息者。

因此，我们只有善于汲取昨天的经验和教训，利用今天做好新跨越的准备，斗志昂扬地去挑战明天，才能为人生画上一个圆满的句号。

85．"三十年河东三十年河西"最可能是什么意思？
    A 人生变化无常   **B** 做事要循序渐进
    C 要学会换位思考   **D** 生活不会一帆风顺

86．第3段主要想告诉我们：
    A 别忘掉过去   **B** 要经营好今天
    C 不能只顾眼前利益   **D** 人生应该过得从容不迫

87．根据上文，下列哪项正确？
    A 昨天其实很短   **B** 明天比今天更重要
    C 胜利和失败会相互转化   **D** 每个人的人生都是圆满的

88．最适合做上文标题的是：
    A 机遇改变人生   **B** 要学会给自己减压
    C 把握现在，经营人生   **D** 冰冻三尺，非一日之寒

89-92.

你可能已经注意到，大多数人习惯于用右手写字、拿筷子，所以大多数人的右手比左手灵活。如果不是这样，我们就称他们为"左撇子"。

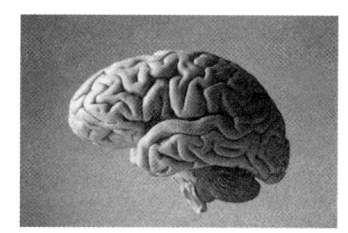

为什么右手比左手灵活呢？这不仅仅是习惯上的原因，而且与人脑左右两半球的功能分工有关。科学研究表明，人脑两半球各部位的功能不尽相同，而且有分工。总体上讲，左半球负责人的右半身的动作，而右脑则负责左半身的动作。具体来讲，左脑是"文字脑"，主要处理人的语言和与之相关的读、写、听、说以及计算等活动，具有理解、分析、判断等抽象思维功能，有理性和逻辑性的特点，所以又称为"理性脑"；而右脑被称为"图像脑"，在记忆图形、把握空间、音乐、美术、技术等方面有较大优越性，因为它有感性和直观的特点，所以又被称为"感性脑"。

由于人们的大量思维活动更多地集中在左脑，左脑的使用频率较高。因此，右手、右眼作为左脑支配的对象，相对来说比左手、左眼使用得更多。懂得了这个道理，我们就能明白为什么"右撇子"多、"左撇子"少了。

对一般人来说，右手比左手灵活。不过，如果你是个"左撇子"，也不要因此而烦恼。科学家们的一些研究结果表明，"左撇子"对于开发人的右脑大有益处。因为在 3 岁以前，活跃的主要是右脑，然而在我们的成长过程中，对左脑的使用越来越多，而对右脑的使用却越来越少，再加上左脑式的应试教育使右脑功能长期被压抑并逐渐进入沉睡状态，因而右脑所特有的想象力、创造力、超高速记忆能力和灵感等这些成为天才的能力就没有得到发展的机会。所以要想培养真正的精英人才甚至天才，就得把拥有巨大潜能而又处于沉睡状态的右脑开发和利用起来。

89. 关于左脑，下列哪项正确？
   A 反应比右脑快　　　　　　B 负责左半身的动作
   C 又被称为"图像脑"　　　　D 主要处理与语言相关的活动

90. 一般人右手比左手灵活，是因为：
   A 左脑使用频率高　　　　　B 右手不依赖于左脑
   C 右手的触觉更灵敏　　　　D 右脑得到了更充分的开发

91. 根据上文，下列哪项正确？
   A 左脑具有直观性　　　　　B "左撇子"占少数
   C 右脑思维更适合应试教育　D 右眼一般比左眼视力更好

92. 最适合做上文标题的是：
   A 人脑的分工　　　　　　　B 告别"左撇子"
   C 怎样开发你的大脑　　　　D 怎样训练你的左脑

93-96.

　　东晋初年，宰相王导的兄弟王旷有个爱子，叫王羲之。王羲之从小受父亲熏陶，喜欢上了书法。十几岁时，便常在父亲书房里翻弄前人的书迹、碑帖。王旷见儿子如此心诚，就以一本《笔说》为教材，教他笔法、笔势、笔意。王羲之的书法就此打下了很好的基础。后来，王羲之的书法出了名，许多人都以得到他的字为荣，连京城里的大官、地方上的豪富都争相求取他的墨宝。

　　王羲之也做过官，当过刺史、右军将军、会稽内史。当时人们尊称他为"王右军"。40多岁时，因为和上司意见不合，辞去了会稽地方官的职务。从此他经常游山玩水、吟诗会友，并有了更多的时间来潜心于书法艺术。这以后，王羲之的书法达到了<u>登峰造极</u>的地步。

　　有一年春天，王羲之请了许多宾客，来到会稽兰渚山麓的兰亭聚会。王羲之提议来一次传统的"曲水流觞"助兴，得到了众人的赞同。于是，大伙儿来到一条弯曲的小溪边，各自找到溪旁的石头坐下。王羲之命书童在小溪的上流将几只装满酒的觞，放在一个木盘里，然后让盘子顺着小溪流向下游。当盘子流经哪个人身边时，那个人就得赶快作一首诗，作不出诗，就得罚酒三杯。这一场"曲水流觞"的游戏进行得十分尽兴，做出了二三十首好诗。为纪念这次聚会，大家提议把这些诗编成一册集子，取名《兰亭集》，并公推王羲之写一个序。王羲之也不推辞，命书童摆下笔墨。他环顾崇山峻岭、松林竹园、溪水瀑布，不由得心绪万千。过了一会儿，序的腹稿已在胸中打好，王羲之在书案前盘腿坐下，拿起毛笔，在纸上飞笔一挥而就。被誉为"天下第一行书"的325个字的《兰亭集序》，就在这会稽群山中诞生了。可惜这"天下第一行书"的真迹已经失传，只留下来一些古人的临摹本。

93. 关于王羲之，可以知道：
　　A 父亲是宰相　　　　　　　　B 一生怀才不遇
　　C 从小就热爱书法　　　　　　D 是《笔说》的作者

94. 王羲之为什么辞官？
　　A 薪水太少　　　　　　　　　B 受到同事排挤
　　C 工作强度太大　　　　　　　D 和领导看法不一致

95. "登峰造极"的意思最可能是：
　　A 非常专心　　　　　　　　　B 具有冒险精神
　　C 受到很多人的关注　　　　　D 水平达到了很高的境界

96. 关于《兰亭集序》，下列哪项正确？
　　A 只完成了一部分　　　　　　B 是王羲之的个人诗集
　　C 现在只存有一些临摹本　　　D 是王羲之醉酒之后写成的

97-100.

　　什么是真正的管理者？真正的管理者一是要"管"，二是要"理"。

　　"管"意味着管理者要学会看大局。什么是大局？就是企业的整体、企业的目标。"管"意味着管理者自己成为大家的榜样，让大家向自己看齐。"管"意味着知人善用，能把难管的人用好，而不是简单地把不好管的人开除。"管"意味着要学会授权授压，帮助下属解决问题。"管"意味着学会激励，学会表扬与批评，尤其是批评的艺术。"管"意味着承担责任，而不是把问题抛给下属，自己高高在上做"裁判"。

　　通常，"管"的道理还是比较容易理解的。管理者真正难做到的是"理"，因为很多管理者根本不知道这是自己的职责，而是把管理简单地等同于指挥，等同于命令。

　　"理"是什么？"理"就是梳理，总结经验，总结教训，想办法从根本上改变一件事情。"理"就是重新定规则，从规则的角度彻底消灭问题。"管"的着力点在于改变人，改变人的态度，改变人的能力；"理"的着力点在于改变事，改变流程，改变不合理的做法。

　　对管理有了这样的理解，我们就可以回答这个问题了：管 10 个人和管 1000 个人有什么区别？

　　我想在"管"的方面没有太多的区别，但在"理"的方面有非常大的区别。换句话说，管理者管理的部门越大，管理的人数越多，就越是要学会"理"，学会建立规则和调整规则。而这些要"理"的事情分别是：确定要做的事情和目标；确定组织架构，分而治之；确定具体的岗位；确定绩效和激励机制；确定制度，用制度而不是靠经理的魅力管理；确定流程，用流程而不是靠惩罚来确保做事的质量。

97. 根据上文，好的管理者应该：
    A 学会妥协　　　　　　　　　　B 德才兼备
    C 既管人又理事　　　　　　　　D 争取做下属的"裁判"

98. 关于"理"，下列哪项正确？
    A 和规则无关　　　　　　　　　B 关注流程或制度
    C 依赖个人的魅力　　　　　　　D 最重要的是知人善任

99. 根据上文，可以知道：
    A 企业不应该开除员工　　　　　B 管理者需要有全局意识
    C 管理要侧重于对人的改变　　　D "管"意味着规则的建立和调整

100. 最适合做上文标题的是：
    A 规则是可以改变的　　　　　　B 如何创建企业文化
    C 什么是真正的管理者　　　　　D 我们需要什么样的激励机制

三、书 写

第 101 题：缩写。

（1）仔细阅读下面这篇文章，时间为 10 分钟，阅读时不能抄写、记录。
（2）10 分钟后，监考收回阅读材料，请你将这篇文章缩写成一篇短文，时间为 35 分钟。
（3）标题自拟。只需复述文章内容，不需加入自己的观点。
（4）字数为 400 左右。
（5）请把作文直接写在答题卡上。

一个乞丐来到我家门前，向母亲乞讨。这个乞丐很可怜，他整个右臂都断掉了，空空的衣袖晃荡着，让人看了很难受。我以为母亲一定会慷慨施舍的，可是母亲指着门前的一堆砖对乞丐说："你帮我把这堆砖搬到屋后去吧。"

乞丐生气地说："我只有一只手，你还忍心叫我搬砖，不愿给就不给，何必刁难我？"

母亲听了并不生气，她俯身搬起砖来，还故意只用一只手搬，搬了一趟才说："你看，一只手也能干活。我能干，你为什么不能干呢？"

乞丐怔住了，他用异样的目光看着母亲，颈间的喉结上下滚动了两下。终于，他伏下身子，用仅有的一只手搬起砖来。一次只能搬两块，他整整搬了两个小时，才把砖搬完，累得气喘如牛，脸上有很多灰尘，几绺乱发被汗水打湿了，斜贴在额头上。

母亲递给乞丐一条雪白的毛巾。乞丐接过去，很仔细地把脸和脖子擦了一遍，白毛巾变成了黑毛巾。母亲又递给乞丐 20 元钱。乞丐接过钱，激动地说："谢谢你。"

母亲说："你不用谢我，这是你凭力气挣的工钱，是你应得的。"

乞丐说："我不会忘记你的。"他向母亲深深地鞠了一躬，就上路了。

过了很多天，又有一个乞丐来到我家门前，向母亲乞讨。母亲又让乞丐把屋后的砖搬到屋前，照样给他 20 元钱。

我不解地问母亲："上次你叫乞丐把砖从屋前搬到屋后，这次又叫乞丐把砖从屋后搬到屋前。你到底是想把砖放在屋后还是屋前？"

母亲说："这堆砖放在屋前屋后都一样。"

我噘着嘴说："那就不要搬了嘛。"

母亲摸摸我的头说："对乞丐来说，搬砖和不搬砖就不一样了……"

此后又来过几个乞丐，我家的砖就屋前屋后地被搬来搬去。

几年后，有个很体面的人来到我家。他西装革履，气度不凡，美中不足的是，他只有一只左手，右边是一条空空的衣袖，一荡一荡的。

他用那只左手握住母亲的手说："如果没有您，我现在还是一个乞丐。因为当年您叫我搬砖，今天我才能成为一个公司的董事长。没有您就没有今天的我。"

母亲说："这是你自己干出来的。"

独臂的董事长要把母亲连同我们一家人迁到城里去住，做城市人，过好日子。

母亲说："我们不能接受你的照顾。"

"为什么？"

"因为我们一家人个个都有两只手。"

董事长坚持说："我已经替你们买好房子了。"

母亲笑一笑说："那你就把房子送给连一只手都没有的人吧。"

无论多么贫穷，多么卑微，每个人都有尊严，有些人甘愿放弃，仅仅是因为他的尊严沉睡了片刻。唤醒它，便是唤醒了一段美好的人生。给予一个人尊严，才能让他体面地活。

H61115 卷听力材料

（音乐，30秒，渐弱）

大家好！欢迎参加 HSK（六级）考试。
大家好！欢迎参加 HSK（六级）考试。
大家好！欢迎参加 HSK（六级）考试。

HSK（六级）听力考试分三部分，共 50 题。
请大家注意，听力考试现在开始。

第一部分

第 1 到 15 题，请选出与所听内容一致的一项。现在开始第 1 题：

1. 欧阳修晚年，常常把早年所写的作品加以细心修改，用心极苦。他的夫人叫他不要修改了，说："你何必这样折磨自己？又不是刚入学的学生，难道还怕老师责骂？"欧阳修笑着说："不怕先生责骂，却怕后人笑话啊。"

2. 管教孩子是门很高深的学问，欺骗、利诱、威胁，这些都是管教方法，但它们将在孩子十二岁之后统统失灵。只有赞扬，对孩子终身有效，而且越来越有效。学会赞扬，你便可以在孩子眼中看到自信的光芒。

3. 一个学生匆匆忙忙跑进教室，说："老师，对不起，我迟到了。都怪我梦见了足球赛。""球赛和迟到有什么关系？"老师问。"踢完全场后，发现比分是二比二，所以他们又踢了半小时加时赛。"

4. 欣赏是一种真心实意的学习。生活里，每个人都有优点，每个人也都有弱点。学会欣赏，就是要时刻看到别人的优点，让别人的优点也能成为自己的优点。久而久之，你自然就会成为一个优秀的人。

5. 比较而言，金牌得主压力最大，因为保持第一的期待使其焦虑程度最高；对成绩最不满意的是银牌得主，与金牌失之交臂的遗憾，令其久久无法释怀；而铜牌得主对结果最为满意，因为自己终于步入高手行列。

6. 表达不同观点会妨碍人际关系吗？不一定。相反，大胆说出真实的想法，还可能改进人际关系。研究表明，放弃那些没有必要的掂量，直抒胸臆，反而能够促进人与人之间的沟通，变得更加亲密。

7. "举一反三"的意思是从一件事情类推，从而知道其他许多事情。说明善于学习，能够由此及彼，触类旁通。这既是一种学习方式，也是一种学习能力，可以帮助我们有效地提高学习效率。

8. 魔术，如果让观众看透了手法，知道了诀窍，这门艺术也就寿终正寝了。变脸，也正因为大伙儿都没有看透其技术真相，才能屡演屡新，大受欢迎，成为国粹。世上有些东西，最好别看透。

9. 世间无完人，所以懂得反省是必要的，反省能使人知道如何让自己变得更好，也可以改善人际关系。不过你并不需要随时去反省自己，那样并不能保证让你的明天变得更好，反而会让你产生"自己很差"的错觉。

10. 光明使我们看见许多东西，也使我们看不见许多东西。假如没有黑夜，我们便看不到闪亮的星辰。因此，即使我们曾经难以承受的痛苦磨难，也不会完全没有价值。它可使我们的意志更坚定，思想、人格更成熟。

11. "一个篱笆三个桩，一个好汉三个帮。"在社会生活中，任何一个人都不可能孤立地存在。当他处于孤立无援的境地时，就会感到力量单薄；相反，如果有许多人支持和帮助他，就会使他振作精神，产生巨大的力量。

12. 阿来是一个务实的作家，他因《尘埃落定》蜚声文坛。但也许很多人不会想到，阿来也是一个办杂志的高手。他接手《科幻世界》的两年间，杂志销量翻了一番。

13. 生活不仅仅是创造，同时也应该是享受。享受生活并不是让人变得堕落，而是让你学会感受生活的美好。从繁忙的工作生活中"偷"出一点儿时间来修饰自己、滋润自己，这样你才会对生活更加充满热情。

14. 在外界因素的诱惑下，人们可能会做出错误的职业选择。许多人对自己职业不满意，频繁跳槽，就是因为他们的工作欠缺自己内心真正想要的东西，不能给他们带来自我满足感。

15. 竞争会带来压力，过度的压力有害身心健康，但适度的压力却可以帮助我们进步和成长；相反，若长期处在安逸、没有压力的环境中，我们常会渐渐退步而不自知。

第 16 到 30 题，请选出正确答案。现在开始第 16 到 20 题：

第 16 到 20 题是根据下面一段采访：

男：今天我们很荣幸地邀请到全国妇联主席陈至立女士，欢迎您。

女：谢谢。

男：能说说在您的个人成长中，对您影响最大的家庭成员是谁吗？

女：是我爸爸。我爸爸是老师，我觉得他教给我最重要的一点是独立思考。他从来不逼我们读书，是很放得开手的教育。当时他还给我很多课外书看，不只是小说，还包括很多理性思维的书，哲学啊，人物传记啊，都有。听起来像是那时候男孩子看的书。此外，他对工作很执着、很勤奋，这一点也对我有很大影响。

男：我们知道您之前做过教育部长，那您自己在教育女儿的时候，会要求她在各个方面都要很强、很拔尖吗？

女：不会不会。我觉得第一呢，孩子最重要的是要健康，所以我比较重视她的体育运动。第二，我没有要求她最优秀，我就公开这么跟她讲。不用考到第一名，九十五分、九十八分跟一百分有什么区别吗？而九十五分到一百分，这五分要花的时间其实是很长的，我宁愿要她用这些时间去看书，或者出去蹦蹦跳跳。

男：那您觉得作为一个母亲，最重要的责任是什么呢？

女：我觉得是教他们做人。要让他们知道自己应该怎么生活，该怎么工作，真正想要的是什么。这个问题越早想清楚越好。

男：您曾经说过一句话，我觉得很有意思。您说，对于广大女性朋友来说，既要珍惜自己是女性，也要忘记自己是女性。您能解释一下这句话的含义吗？

女：首先呢，女性承担着不一样的社会角色，是妻子，是母亲，女性养育儿女，教育儿女，这其实也是在为社会进步做贡献，所以女性受到社会一定政策的支持，这是应该的，是理所应当享受的。忘记自己是女性，就是说要有独立意识，要自强自尊自信。这一点非常重要。

    16. 女的认为父亲教给她最重要的是什么？
    17. 女的对女儿有什么期望？
    18. 女的认为做母亲最重要的责任是什么？
    19. 关于女的，下列哪项正确？
    20. 女的说"要忘记自己是女性"主要是什么意思？

第 21 到 25 题是根据下面一段采访：

女：作为肖邦钢琴比赛七十年来最年轻的获奖者，社会各界都称你为"钢琴神童""世界第一位音乐天才"，这些称呼是不是带给你很大压力？

男：这些称呼都是媒体给的，我根本不在乎大家怎么称呼我。对我来讲最重要的是怎样继续学习，天才也是通过刻苦勤奋得来的，有天分没有刻苦追求，同样不会有任何成绩。坦白地讲我觉得自己的运气非常好，这些年参加了很多重要的比赛，这些机会让我得到了锻炼，一步步走到了肖邦钢琴大赛。展示自己的机会对一个人很重要，也有很多天才被埋没。我是一个幸运者。

女：小时候你曾经在日记里写下自己要做钢琴大师，你觉得自己目前是否在由"神童"一步步走向"大师"？

男："音乐大师"只是对艺术成就的一种说法，并不代表什么。我一直在努力进取，如果我的音乐能得到大家的喜欢，自然而然就会承认我。这才是成功，把我称呼成什么并不重要。

女：有人说你获得肖邦大奖源于你对音乐的理解，所谓功夫在琴外。

男：这是别人的看法。我觉得是我天生对音乐敏感，又比较接近肖邦的气质，这种东西是天生的，跟通过学习得到的东西感觉不一样。在琴外确实没有什么可提的事情，只是看看新闻，翻翻杂志，我比较喜欢汽车杂志。

女：你说弹钢琴是一件痛苦伴着幸福的事情，在自己无法超越自己的时候会很痛苦，但得到台下观众的认同时会很幸福，你觉得自己的不断进取是为追求台下的认同，还是为了追求自我认同？

男：这是比较矛盾的。我想自己首先是追求自我认同，我是因为自己喜欢弹钢琴才去学的，如果演奏完全为了取悦观众，意义就不大了。一个演奏家当然是演奏自己喜欢的东西，所以每个人才会不同。

21．媒体怎么称呼男的？
22．男的怎么看待自己？
23．钢琴之外，男的还有什么爱好？
24．男的觉得什么时候弹钢琴很痛苦？
25．关于男的，下列哪项正确？

第 26 到 30 题是根据下面一段采访：

男：你现在得了大满贯，可谓是职业生涯的盛夏，那是否冬季早就过去了？

女：球员有时和演员差不多。你演了一百部戏，如果不红，仍旧没有人记得你的面孔。人们看到的永远是我们最光鲜的一面，是我们在熬过了漫长的冬季之后，被光环笼罩的那个时刻。其实我并没有改变，只是现在我出现在人们面前时被加上了许多标签。

男：一直在想，在你赢得收入、荣誉和声望背后，一定也有许多的失去。

女：选择走这条路，我失去最多的就是自由。很多个人兴趣，因为常年训练旅行，不得不放下。我能选择的，很有限。但是我从来不后悔。我觉得自己得到最多的不是金钱，也不是名誉。当然，要是有人说自己视这一切为粪土，那一定很矫情，也不符合人之常情。我觉得自己因为网球收获最多的，是在倾情付出之后成功时那一刹那的喜悦。也许，你付出了五年、十年的时间，只获得了两分钟的喜悦。但如果体会过那种真正的喜悦，你会甘心为这两分钟，默默耕耘五年甚至十年。

男：关于退役，你有想过吗？是属于激流勇退带着荣耀离开？还是坚持到最后直到被人遗忘？

女：我会听从我身体的指令。哪一天我打球觉得太累了，高强度的连续作战让我觉得身体不能承受了，我就会离开。我不会勉强自己。离开网球的那一天，我就会当个全职主妇。

男：很多年前，你说你的至高愿望是做个快乐的家庭主妇，现在家庭主妇这个角色还这么有吸引力吗？

女：对我来说家庭是一个港湾。眼下这个港湾，我停得很踏实。有太多事情都会成为浮云，亲情才是最重要的。我觉得家庭妇女是个很伟大的角色，也是一个女人的终极幸福。能把一个家经营得很好，是一门学问。我会用一辈子的时间去学习。

26．女的认为她失去最多的是什么？
27．女的为什么觉得她的付出是值得的？
28．女的打算什么时候退役？
29．女的认为女人最大的幸福是什么？
30．女的最可能是做什么的？

第 31 到 50 题，请选出正确答案。现在开始第 31 到 33 题：

第 31 到 33 题是根据下面一段话：

　　有家幼儿园，要求家长每天按时接送孩子。可是几乎每天都有少数家长迟到。针对这种情况，这家幼儿园做了一个规定，就是家长迟到一次要交五元罚款。

　　幼儿园本来想靠这个办法杜绝家长迟到的现象，结果却出人意料。自从实行"五元罚款"的办法后，迟到的家长不但没少，反而多了。这让幼儿园管理者大为不解。经过调查，原因就出在这"五元罚款"上。在不交五元罚款的时候，许多家长都为自己的迟到而自责。可是交了五元之后，他们的这种内疚感有所减轻甚至完全没有了，认为自己已经为所犯的错误付出了代价，不应再受到指责。

　　很多时候，面对别人犯下的错误，我们总想让对方付出代价。可是，有时候，最好的方式可能是宽容甚至"放任"他的错误。

　　31．规定要求迟到的家长怎么做？
　　32．为什么迟到的家长反而多了？
　　33．这个故事主要想告诉我们什么？

第 34 到 36 题是根据下面一段话：

　　不少人认为，个人交往的范围，是交往成果的重要标志。多个朋友，就多份选择，多条路。在商人们看来，人脉就是财脉。

　　事实上，这种说法过于笼统。交往的范围只是交往成果的一个方面，更重要的，应当是交往的质量。交往是有层次的。有的人只是点头之交，有的人可以一起交流思想，有的人可以托付终身，有的人则只能谈谈天气。

　　不少人有很多所谓的"朋友"，但是，却没有一个可以说几句真话的人；有的人和各种人都能称兄道弟，但当他遭遇危机时，却没有一个人施以援手。与其熟人遍天下，不如交几个真正的朋友。

　　34．说话人怎么看"多个朋友，就多条路"？
　　35．根据这段话，下列哪项正确？
　　36．这段话主要想告诉我们什么？

第 37 到 39 题是根据下面一段话：

公元前六六三年，齐桓公应燕国的要求，出兵攻打入侵燕国的山戎，相国管仲随同前往。齐军是春天出征的，到凯旋时已是冬天，草木变了样。大军在一个山谷里转来转去，最后迷了路；虽然派出多批探子去探路，但仍然弄不清楚该从哪里走出山谷。时间一长，军队的给养发生了困难。情况非常危急，再不找到出路，大军就会困死在这里。管仲思索了好久，有了一个设想：既然狗离家很远也能找到回家的路，那么军中的马，尤其是老马，也应该有认识路途的本领。于是他对齐桓公说："大王，我认为老马有认路的本领，可以利用它在前面领路，带领大军走出山谷。"齐桓公同意试试看。管仲立即挑出几匹老马，解开缰绳，让它们在大军的最前面自由行走。不出所料，这些老马都毫不犹豫地朝一个方向行进。大军就紧跟着它们走，最后终于走出山谷，找到了回齐国的大路。

37．关于这次战争，下列哪项正确？
38．齐军遇到了什么困难？
39．下列哪个成语可以概括这段话的意思？

第 40 到 43 题是根据下面一段话：

最新研究发现，一个人的长相直接影响到他的收入。研究人员把几千名就业者的资料加以分析，首先依外貌分门别类，再把同一部门中工作性质相近者的薪资加以比较。结果发现，相貌平庸的人薪水低于相貌中等者，相貌中等者的薪水又不如仪表出众的人。外表所涵盖的范围相当广泛：衣着款式是否合宜整洁、鞋子是否光亮、衬衫是否笔挺、发型如何、化妆是否得体等。

但是，影响力最深的却是脸上的笑容，以及待人处事的态度、幽默感等。想要取得事业的成功，一定要有充分的幽默感及乐观的态度。面对两个其他条件相当的人，领导多半会提携给人留下好感的那个。面带笑容、积极乐观、平易近人，一定比呆板无趣、消极保守的人受欢迎。积极乐观的人必然会有更高更好的工作效率，也必然比消极保守的人容易与他人合作，不用说，雇主当然喜欢任用工作效率高、平易近人的人。

40．研究的结论是什么？
41．关于外表，下列哪项正确？
42．说话人认为什么更重要？
43．根据这段话，老板喜欢什么样的员工？

第 44 到 47 题是根据下面一段话：

有人做过这样一个实验：三组人分别步行前往十公里以外的三个村子。

第一组人不知道村庄的名字，也不知道路程有多远，他们只知道有向导在前面带路。刚走了两三公里就有人叫苦，走到一半儿时有人开始愤怒了，他们抱怨为什么要走这么远，何时才能走到？有人甚至坐在路边不愿走了，越往后他们的情绪越低落。

第二组人知道村庄的名字和路程，但路边没有里程碑，他们只能凭感觉估计行程时间和距离。走到一半儿的时候，大多数人都想知道他们已经走了多远，比较有经验的人说："大概走了一半儿的路程。"于是大家又簇拥着向前走，当走到全程的四分之三时，大家情绪低落，疲惫不堪，而路程似乎还很长。当听到有人说"快到了"，大家又振作起来，重新加快了步伐。

第三组人不仅知道村庄的名字和路程，而且路上每一公里就有一块儿里程碑，每缩短一公里大家便有一小阵儿的快乐。途中他们用歌声和笑声来消除疲劳，情绪一直很高涨，很快就到达了目的地。

当人们的行动有明确的目标，并且把自己的行动与目标不断加以对照，清楚地知道自己的行进速度与目标相距的距离时，行动的动机就会得到维持和加强，人就会自觉地克服一切困难，努力达到目标。

44．关于第一组人，可以知道什么？
45．为什么第三组人很快就到达了目的地？
46．关于这个实验，下列哪项正确？
47．这段话主要想告诉我们什么？

第 48 到 50 题是根据下面一段话：

"生命在于运动"，这是生物界的一个普遍规律。人的机体，用则灵，不用则衰；脑子用得勤的人，肯定聪明。因为这些勤于用脑的人，脑血管处于舒展的状态，脑神经细胞会得到很好的保养，从而使大脑更加发达，避免了大脑的早衰。相反，那些懒于用脑思考的人，由于大脑受到的信息刺激比较少，甚至没有，大脑很可能就会早衰。这跟一架机器一样，搁在那里不用就要生锈，经常运转才能保持良好状态。科学家观察了一定数量的二十到七十岁的人，发现长期从事脑力劳动的人，到了六十岁时仍能保持敏捷的思维能力，而在那些终日无所事事、得过且过的懒人当中，大脑早衰者的比例大大高于前者。

48．根据这段话，勤于思考的人会怎么样？
49．这段话中的"机器"被用来比喻什么？
50．根据这段话，下列哪项正确？

听力考试现在结束。

H61115 卷答案

一、听 力

第一部分

1．C	2．D	3．A	4．B	5．B
6．B	7．D	8．D	9．A	10．B
11．C	12．A	13．C	14．B	15．B

第二部分

16．A	17．A	18．B	19．C	20．D
21．A	22．A	23．C	24．D	25．D
26．A	27．B	28．C	29．D	30．C

第三部分

31．A	32．C	33．A	34．C	35．A
36．C	37．B	38．D	39．D	40．A
41．D	42．D	43．D	44．C	45．B
46．D	47．B	48．A	49．B	50．A

二、阅 读

第一部分

51．A	52．C	53．D	54．C	55．D
56．C	57．D	58．B	59．B	60．D

第二部分

61．A	62．D	63．B	64．A	65．A
66．D	67．B	68．C	69．A	70．B

第三部分

71．D	72．A	73．B	74．E	75．C
76．C	77．A	78．B	79．E	80．D

第四部分

81. B	82. C	83. C	84. B	85. A
86. B	87. C	88. C	89. D	90. A
91. B	92. A	93. C	94. D	95. D
96. C	97. C	98. B	99. B	100. C

三、书 写

101.（略）

国家汉办/孔子学院总部
Hanban/Confucius Institute Headquarters

新汉语水平考试

HSK（六级）

H61116

注　意

一、HSK（六级）分三部分：

　　1．听力（50题，约35分钟）

　　2．阅读（50题，50分钟）

　　3．书写（1题，45分钟）

二、听力结束后，有**5分钟**填写答题卡。

三、全部考试约140分钟（含考生填写个人信息时间5分钟）。

中国　北京　　　　　　　　　国家汉办/孔子学院总部　编制

一、听 力

第一部分

第 1-15 题：请选出与所听内容一致的一项。

1. **A** 步行有助于减肥
   B 步行运动效果很好
   C 慢跑是最佳的运动方式
   D 步行最好不超过 20 分钟

2. **A** 魔术师撒谎了
   B 交警认出魔术师了
   C 魔术师遇到堵车了
   D 魔术师开车时喝酒了

3. **A** 夏天要注意防晒
   B 炎热带来空调热销
   C 暑期主打"清凉游"
   D "自助游"很受欢迎

4. **A** 知足常乐
   B 要坚持原则
   C 不要轻易妥协
   D 做人要懂得变通

5. **A** 要重视素质教育
   B 质量远比数量重要
   C 教育孩子要懂得放手
   D 教育孩子其实很简单

6. **A** "伤不起"是个成语
   B "伤不起"现在很流行
   C "伤不起"的意思是很流行
   D "伤不起"表示还可以忍受

7. **A** 商店在打折
   B 小女孩儿很虚荣
   C 那位母亲很苗条
   D 那位女士羡慕女孩儿的妈妈

8. **A** 不要留恋过去
   B 别太在意反对意见
   C 世界上没有绝对的自由
   D 要学会欣赏生活中的美

9. **A** 茅盾文学奖每年一评
   B 茅盾是中国著名作家
   C 茅盾文学奖的评委是读者
   D 茅盾文学奖主要面向年轻人

10. **A** 坚持就是胜利
    B 付出总有回报
    C 磨刀不误砍柴工
    D 发现犯错要勇于停步

11. **A** 距离产生美
    B 竞争促进发展
    C 应该保护动物
    D 矛盾不可避免

12. **A** 活到老学到老
    B 要经常赞扬孩子
    C 幸福靠自己创造
    D 创新离不开想象力

13. A 舟山群岛风景秀丽

　　 B 舟山群岛没有鸟类

　　 C 舟山群岛面积很小

　　 D 舟山群岛是国家自然保护区

14. A 要主动帮助别人

　　 B 饮食营养要均衡

　　 C 做事情要量力而行

　　 D 自己的人生自己做主

15. A 理性总会受情绪影响

　　 B 只有少数人是理性的

　　 C 遇到问题要保持冷静

　　 D 多数人不善于情绪管理

第二部分

第16-30题：请选出正确答案。

16. **A** 文化熏陶
    B 小说创作
    C 兴趣爱好
    D 生活作息

17. **A** 创业
    B 读研究生
    C 出国留学
    D 在家休息一年

18. **A** 知识就是力量
    B 三人行必有我师
    C 长江后浪推前浪
    D 冰冻三尺，非一日之寒

19. **A** 作家
    B 导演
    C 政府官员
    D 大学教授

20. **A** 酷爱美食
    B 曾梦想当演员
    C 喜欢自己的工作
    D 对物理学很有研究

21. **A** 应该多读书
    B 要经常锻炼身体
    C 要有谦逊的态度
    D 尽量不麻烦别人

22. **A** 学会等待
    B 努力争取
    C 追求平等
    D 慎重选择

23. **A** 有一定局限性
    B 对残疾人也有帮助
    C 容易让人沉迷其中
    D 缺少针对残疾人的网站

24. **A** 有优越感
    B 是网站编辑
    C 有自己的博客
    D 在参加培训活动

25. **A** 提供心理辅导
    B 平等对待他们
    C 给予特殊照顾
    D 成立专门学校

26. **A** 每天打电话
    B 陪父亲打网球
    C 带父亲去旅游
    D 取得更好的成绩

27. **A** 有矛盾
    B 很少见面
    C 她要照顾父亲
    D 她很敬畏父亲

28. A 并不对立

    B 事业更重要

    C 要以家庭为重

    D 只能选择一个

29. A 很朴实

    B 爱赶时髦

    C 是位工程师

    D 不会发短信

30. A 为人风趣

    B 喜欢看童话

    C 是公司秘书

    D 家人都支持她的事业

第三部分

第 31-50 题：请选出正确答案。

31. A 很严厉
    B 十分和蔼
    C 非常忠诚
    D 富有爱心

32. A 拒绝执行
    B 换了一身衣服
    C 把上校的扣子扣好
    D 把自己的鞋带系好

33. A 要关心别人
    B 有缺点并不可怕
    C 要服从上级的命令
    D 自己的缺点很难察觉

34. A 大象重达千斤
    B 马戏团有很多大象
    C 大象被细铁链拴住
    D 大象被小象打败了

35. A 船上
    B 柱子旁
    C 大树旁
    D 帐篷外

36. A 怕挨打
    B 力气不够
    C 要保护小象
    D 再没尝试挣脱

37. A 态度决定高度
    B 细节影响全局
    C 要培养良好的习惯
    D 人们常被习惯所左右

38. A 射箭
    B 钓鱼
    C 写诗
    D 画虎

39. A 老虎跑了
    B 箭杆折断了
    C 箭射入石头中
    D 石头上有花纹

40. A 非常勇敢
    B 棋艺高明
    C 厌恶战争
    D 做事草率

41. A 信念
    B 策略
    C 肢体动作
    D 人生经历

42. A 是动力的来源
    B 与行为方式无关
    C 指做事情的先后顺序
    D 表现为对工作的热情

43. A 成功不可复制
    B 要重视知识的积累
    C 生活中要善于倾听
    D 成功需要积极的心理暗示

44. A 仰卧
    B 俯卧
    C 左侧卧
    D 右侧卧

45. A 枕头不要太高
    B 不要蒙头睡觉
    C 睡前要洗个热水澡
    D 不要把手放在胸上

46. A 容易做梦
    B 手臂容易发麻
    C 更有利于健康
    D 不利于全身放松

47. A 怎样缓解疲劳
    B 哪种睡姿更好
    C 怎样提高睡眠质量
    D 人们为什么喜欢仰卧

48. A 天气变冷时
    B 被人采摘时
    C 长到足够高时
    D 阳光最充足时

49. A 经常被讥笑
    B 往往表现出色
    C 不会被委以重任
    D 需要提高动手能力

50. A 要客观看待问题
    B 期望越大失望越大
    C 不要做职场的"蘑菇"
    D "蘑菇经历"是一种磨炼

二、阅 读

第一部分

第51-60题：请选出有语病的一项。

51. A 道教是在中国土生土长的一种宗教。
    B 要改变一个人，首先要改变你对他的看法。
    C 我们应该把分歧放在一边，一起为共同的目标而努力。
    D 在高楼林立的都市里，能有一个独立的小园子，是无疑很奢侈的。

52. A 他们把小岛建设得像花园一样美丽。
    B 生命离不开阳光、空气、水，更离不开运动。
    C 深秋的香山，是人们登高远眺，观赏红叶的好时候。
    D 哺乳动物的感情世界要比昆虫和鱼类丰富和鲜明得多。

53. A 世上只有想不通的人，没有走不通的路。
    B 苏轼在文学和书画领地中均取得了非凡的成就。
    C 在中国民歌的宝库中，陕北民歌有其独特的地位。
    D 人生就是一次远行，每个人都在不断地找寻着属于自己的远方。

54. A 1996年，央视推出国内第一档谈话节目《实话实说》。
    B 在中国，人们知道涪陵，多半是因为它的特产——榨菜。
    C 气象学将日最高气温大于或等于35℃的天气定义为高温炎热天气。
    D 我们的心灵，就仿佛像是一块闲置的空地，你不种庄稼，它就长杂草。

55. A 经过三天的培训，使员工的业务素质得到了很大的提高。
    B 不到两年时间，他就成为这家汽车公司最优秀的销售人员。
    C 因品种和环境条件的不同，小麦中营养成分的差别会非常大。
    D 在海边拍摄一定要注意器材的防水问题，因为海水有较强的腐蚀性。

56. A 不顾客观实际而墨守成规的人，常常会做出荒唐可笑的事来。
    B 作为今天的明星企业家，他成了众多年轻创业者追捧的偶像。
    C 生活是一所大学，我们可以从中学到很多书本上难以学到东西。
    D 看着眼前这条干净、漂亮的街道，人们很难想象，这儿曾经有多么脏乱。

57. A 塞翁失马，焉知非福，祸福之间并没有绝对的界限。
    B 他给我们详细地介绍了这个民族的服饰特色和其他风俗习惯。
    C 要提高情商，须做多方面的努力，其中，要学会分享十分重要。
    D "晴带雨伞，饱带干粮"意思是凡事都要有所准备，这样才能处变不惊。

58. A 如果你想得到你从未得到过的东西，那就必须做一些你从来没有做过的事情。

B 故宫又称紫禁城，位于北京市区中心，为明、清两代的皇宫，有 24 位皇帝相继在此登基执政。

C 武术经历数千年的发展，融入了传统哲学、医学、兵学、美学等多种传统文化，形成了独具特色的文化体系。

D 与其他类型小说相比，科幻小说能说具有极其广阔的视野，允许作者在更漫长的时间跨度和更宏大的宇宙视野下设置舞台。

59. A 只有当员工对企业产生认同感和归属感时，他才会真正快乐地工作，用心去做事。

B "知易行难"是说认识、了解一件事情比较容易，但实际做起来你会发现其实非常困难去完成一件事情。

C 座右铭本来指的是古人写出来放在座位右边的格言，后来泛指人们激励、警戒自己并作为行动指南的格言。

D 大家都知道，是药三分毒。但大多数常见药品的不良反应是轻微的，停药后就会消失，不需要特别处理。

60. A 青少年是一个人性格和智力发育的关键时期，也是一个人行为和生活方式形成的重要时期。

B 一个人的思维发展和道德成长都离不开阅读。就教育来说，阅读的重要性怎么强调都不过分。

C 你知道，一个人的外在形象，不单指他的外貌、形体，还包括服饰、装扮、谈吐、举止等。

D 财富如水。如果是一杯水，你可以独自享用；如果是一桶水，你可以存放在家；如果是一条河，你要学会与人分享。

第二部分

第 61-70 题：选词填空。

61. 中国吴桥国际杂技艺术节创办于 1987 年，是以"中国杂技之乡"河北省吴桥县_____的。该艺术节每两年举行一次，现已成功举办十二_____，成为世界各国杂技团体_____形象、交流技艺、增进友谊的平台。

    A 称呼   卷   呈现   **B** 任命   番   展现
    C 报名   册   提示   **D** 命名   届   展示

62. 生命就像回声，你送出什么就收回什么，_____什么就得到什么。别人怎样对待你，_____于你怎样对待他们，这是普遍的_____，爱别人就是爱自己。

    A 赋予   奠定   真相   **B** 授予   采取   道理
    C 给予   取决   真理   **D** 供给   收获   理由

63. 如果说成功是青春的一个梦，那么，追求就是青春_____。青春是一个人年轻的_____。谁追求_____，谁就青春长在。一个人的青春是在他不再追求的那一天结束的。

    A 本质   证据   不惜   **B** 本身   证明   不止
    C 本人   资本   不息   **D** 本能   证书   终止

64. 人们越喜欢一个人，越容易被这个人的意见_____，所谓_____。人人都喜欢美好的事物，所以_____漂亮的人在社交方面有很多优势。汽车广告中总是有几个漂亮的模特，因为广告商希望把人们对模特的喜爱_____到他们的汽车上。

    A 左右   爱屋及乌   外表   转移
    B 主导   一举两得   面貌   周转
    C 诱惑   雪上加霜   容貌   运输
    D 引导   相辅相成   面子   寄托

65. 春节是中国最重要的传统节日，春节_____着团圆，因此，在中国南方普遍都有过年吃汤圆的_____。因为汤圆是圆形的，象征着一家团圆，正好符合春节的文化意义。然而，春节吃汤圆并非是全国各个地方都有的现象。在北方，_____过年基本上都吃饺子，这从_____反映出了中国地域文化的差异。

    A 传达   典礼   大街小巷   表面
    B 意味   习俗   家家户户   侧面
    C 示意   风俗   四面八方   反面
    D 指示   礼节   世世代代   平面

66. 巴丹吉林沙漠_____内蒙古自治区阿拉善右旗北部,总面积4.7万平方公里。神秘莫测的鸣沙、_____的湖泊、晨钟暮鼓的百年古刹,构成了巴丹吉林沙漠独特的_____景观。巴丹吉林庙因深藏于巴丹吉林沙漠之中,所以平添了许多神秘的色彩,令游客、探险者_____。

A 属于　　寂静　　美妙　　无穷无尽
B 位于　　静谧　　迷人　　纷至沓来
C 鉴于　　平静　　珍稀　　滔滔不绝
D 便于　　镇静　　奇妙　　与日俱增

67. 牡丹是中国特有的名贵花卉,花大色艳、雍容华贵、芳香浓郁,而且_____繁多,_____有"国色天香""花中之王"的美称,长期以来被人们当做富贵_____、繁荣兴旺的象征。牡丹以洛阳、菏泽牡丹最负_____。

A 品种　　素　　吉祥　　盛名
B 样品　　愈　　慈祥　　声誉
C 种类　　皆　　崇高　　盛情
D 产品　　亦　　仁慈　　名誉

68. 制作一把_____的小提琴,木料的选择可以说是关键。匠人在选择木料时,都非常_____树木年轮的多少。在他们看来,每棵历经岁月洗礼的大树中都_____着一个精灵,而这个精灵正是一把小提琴的_____。

A 精致　　注视　　葬　　内涵
B 精确　　在乎　　扛　　灵感
C 美观　　注重　　躲　　起源
D 精美　　在意　　藏　　灵魂

69. 主持节目时,适当的幽默是调节现场气氛的润滑液。它像一座_____拉近了主持人与观众之间的距离,使_____的心灵变得亲近。它能以最轻松的方式沟通感情,活跃气氛,化解_____和矛盾。幽默还表现出一种才华和智慧,使人们在轻松有趣的环境中有所_____。

A 亭子　　顽固　　疙瘩　　领会
B 大厦　　生疏　　隔阂　　体会
C 桥梁　　陌生　　尴尬　　领悟
D 宫殿　　封闭　　故障　　苏醒

70. 运动员失分后,会_____地低下脑袋,他们的肌肉会发软,他们会变得_____。研究发现:人如果将眼睛紧紧地_____着地面,会_____悲观的思考,心情是抑郁的。改变一下习惯,将目光稍稍抬高一点儿,会减轻抑郁_____。

A 不由自主　　灰心丧气　　盯　　加剧　　情绪
B 半途而废　　无能为力　　眯　　施加　　情景
C 迫不及待　　理直气壮　　趴　　加强　　思绪
D 轻而易举　　恍然大悟　　瞪　　加工　　情形

第三部分

第 71-80 题：选句填空。

71-75.

一个教授问他的学生："为什么人生气时说话要用喊？"其中一个学生说："因为我们丧失了冷静。"

"（71）＿＿＿＿＿＿＿＿，你还是用喊的，难道不能小声地说吗？"教授又问。

学生们又七嘴八舌地说了一堆，但是没有一个答案是让教授满意的。最后教授解释说："当两个人生气的时候，心的距离是很远的，（72）＿＿＿＿＿＿，所以必须用喊，但是在喊的同时人会更生气，距离就更远，距离更远就又要喊得更大声些……"

他接着继续说："而当两个人相恋时又会怎么样呢？（73）＿＿＿＿＿＿，不但不会用喊的，而且说话都很轻声细语，为什么？因为他们的心很接近，心与心之间几乎没有距离，所以相通常是耳语式的说话，但是心中的爱因而更深，到后来根本不需要言语，（74）＿＿＿＿＿＿，而那时心与心之间早已经没有距离了……"

最后教授做了一个总结："当两个人争吵时，不要让心的距离变远，（75）＿＿＿＿＿＿，等过几天，等到心的距离近一些时，再好好地说吧。"

A 只需要用眼神就可以传情

B 为了能使对方在这么远的距离也能听见

C 更不要说些让心的距离更远的话

D 但是为什么别人就在你旁边

E 情况刚好相反

76-80.

在人类社会中，我们很少能看到像狼那样把个体与团队结合得如此完美的团队。我们总是走到两个极端，要么过于追求个体的价值而忽视了整体的利益，要么注重整体的利益而牺牲了个体的利益，（76）＿＿＿＿＿＿＿＿＿。

在一个企业或者团队中，每一个成员都要面临这样的问题，走哪个极端都不是好的解决办法。一个优秀的员工一定要在两者之间取得平衡。同时，个体与整体之间并不一定是互相抑制、此消彼长的绝对对立。相反，优秀的员工不仅能在两者之间取得平衡，（77）＿＿＿＿＿＿＿＿＿。

一个优秀的团队，能把各种人才聚合在一起。大家会在工作中对别人进行了解，（78）＿＿＿＿＿＿＿＿＿。这时，聪明的员工总能发现自己的不足和别人的长处，取长补短，虚心向周围的人学习。同时，大家也会为了共同的目标而改变自己以前不好的生活和工作习惯，使自己变得更优秀。

员工是一个团队最为宝贵的财富。（79）＿＿＿＿＿＿＿＿＿，实现理想的机会。但作为团队的一员，即使再受重视、再有才华，也不能以自我为中心。（80）＿＿＿＿＿＿＿＿＿，而不是整体。员工的所有工作都应该是以实现团队的目标为中心的。

A 很难达到两者的平衡

B 团队为员工提供了施展才华的舞台

C 团队的性质决定了每个员工只是团队的一部分

D 在沟通中发现别人的许多优点

E 还能让两者产生互相促进的作用

第四部分

第81-100题：请选出正确答案。

81-84.

公元 1140 年 7 月的一天，杭州城最繁华的街市突然失火，惊慌的人们纷纷冲进火海抢救自己店铺里的财物，以尽量减少损失。此时，一位裴姓富商并没有让伙计和仆人去抢救他当铺和珠宝店里的财物，而是指挥他们迅速撤离，然后派人去长江沿岸平价购回大量木材、砖瓦等建筑用材。大火烧了数日之后，终于被扑灭了。曾经车水马龙的杭州城，已是面目全非，一片狼藉。不久，朝廷下令重建杭州城，并明文规定，凡经营销售建筑用材者一律免税。于是，城内一时大兴土木，建材供不应求，价格暴涨。裴姓商人趁机抛售，获利远远大于被大火焚毁的损失。

一个著名企业的总裁谈起他 20 多年前的一次遭遇。1986 年，经商失败的他，背负了一身债务来到一家服装厂打工。为了还债，他每天都要工作 10 多个小时。一次，由于过度劳累，他在操作电动裁剪机时，竟把一批西装的袖子裁短了一大截。这一剪，他必须赔偿老板几十万元的布款。望着一大堆被剪短的衣料，他欲哭无泪。为了挽回损失，他干脆将错就错，再将衣服的下摆也裁去一截，然后分别在裁短的袖子以及下摆上拼接其他颜色的布料。令人意想不到的是，这种带着早期休闲风格的西服一上市，竟被抢购一空。服装厂不但没有亏损，反而多赚了许多。他也因此开创了休闲西装的先河，在服装市场声名大震，为他日后打造自己的"王国"打下了坚实的基础。

一场危机就是一场灾难。同样，一次危机就是一次机遇。在危机面前，他们都表现出惊人的睿智，成功地将危机变为商机，令人叹服。

81. 关于那场大火，下列哪项正确？
    A 很快就被扑灭了　　　　　　B 发生在杭州城重建时
    C 致使建筑材料价格上涨　　　D 是燃放烟花爆竹引起的

82. 失火时，裴姓富商：
    A 迅速撤离　　　B 正在外地　　　C 惊慌失措　　　D 组织救火

83. 关于那位总裁，可以知道什么？
    A 学过服装设计　　　　　　　B 曾经欠下很多钱
    C 因过度劳累而晕倒　　　　　D 后来被服装厂解雇了

84. 上文主要想告诉我们：
    A 人有旦夕祸福　　　　　　　B 危机也是转机
    C 要有危机意识　　　　　　　D 做生意要讲诚信

85-88.

　　对植物稍有研究的人都知道，庄稼、树木等植物的根一般由主根、须根等组成。这些名词也许太专业了一些，但是，即使我们对植物的知识懂得再少，有一点却是人所共知的，那就是，不管是主根还是须根，植物的根都是在土壤里向下生长的，为的是能吸收土壤中的水分、营养和氧气。

　　然而，有一种奇怪的植物，它却多出了一种根，而且多出的这种根是钻出地面朝天生长的。这种植物的名字叫海桑。

　　海桑，又叫剪包树，生长在广东和福建沿海一带，它们生长茂盛，繁殖力极强，高可达5米。它们生长在海边滩涂的淤泥里，经常受到潮汐的侵袭，生存环境极为恶劣。最不能忍受的是，淤泥中缺氧。在没有氧气的环境里，海桑是怎么生存的？而且生存得那么旺盛、那么繁茂？

　　答案很简单，因为海桑比别的植物多长了一种根——呼吸根。为了吸收到新鲜氧气，呼吸根拼命钻出淤泥朝天生长，然后把吸收到的氧气传回到淤泥中的主根和须根，保证海桑的生存和生长。所以说，朝天长的呼吸根是海桑赖以生存和生长的源泉，没有朝天生长的根，就没有海桑的生命。

　　为了生存和生长，不论是植物还是人类，都会不遗余力的，即使环境再恶劣，也能找到生存和生长的办法。而找到这种办法，需要像海桑一样，具有让根破土而出、朝天生长的勇气。

85. 关于海桑的呼吸根，下列哪项正确？
　　A 是主根　　　　　　　　　B 向上生长
　　C 长达5米　　　　　　　　 D 生长在土壤中

86. 关于海桑，可以知道什么？
　　A 生长在海边　　　　　　　 B 繁殖能力较低
　　C 靠须根吸收养分　　　　　 D 不需要氧气也能生存

87. 第5段中的"不遗余力"最可能是什么意思？
　　A 使出全部力量　　　　　　 B 什么都没有剩下
　　C 保存自己的实力　　　　　 D 不费力气就可以实现

88. 上文主要想告诉我们：
　　A 要学会统筹兼顾　　　　　 B 要积极面对困境
　　C 生活需要精打细算　　　　 D 适合自己的才是最好的

89-92.

　　当我们习惯说杨绛是"钱钟书夫人"时，很少有人会想到几十年前，人们是以"杨绛的丈夫"来称呼钱钟书的。1940 年代在上海，杨绛因剧本《称心如意》一炮走红，继因《弄真成假》《风絮》而声名四起。直到钱钟书写出《围城》，<u>这一局面</u>才得到根本改观。

　　后来杨绛遁入翻译，有了《堂吉诃德》中译本，累计发行近百万册。1986 年 10 月，杨绛获颁西班牙国王亲授的"智慧国王阿方索十世十字勋章"。晚年的杨绛把作品重心转向了自己。2003 年，她出版了家庭生活回忆录《我们仨》，4 年后，推出散文集《走到人生边上》，对于生死以及人性做了一次终极思考。

　　外界看来功成名就的杨绛，却一贯保持着俭朴本色。她的寓所没有任何装修，旧式的柜子、桌子。她还将自己的稿费交给清华大学托管，成立了"好读书"基金。

　　杨绛与钱钟书的爱情也一直广为传颂。1935 年两人结婚后，杨绛随之从大小姐过渡到了"老妈子"。钱钟书说要写《围城》，为节省开销，她辞掉女佣，做起了"灶下婢"。"握笔的手初干粗活免不了伤痕累累，劈柴木刺扎进了皮肉，又烫起了泡。不过吃苦中倒也学会了不少本领。"钱钟书去世后，杨绛默默地"继承"他<u>未竟的</u>事业，整理钱钟书的手稿书信。多达 7 万余页的手稿，纸张发黄变脆，字迹难辨，而杨绛一张张抹平补缺，认真编校。2003 年，《钱钟书手稿集》终与读者见面。

　　有人赞她是著名作家，她说："没有这份野心。"有人说她的作品畅销，她说："那只是太阳晒在狗尾巴尖上的短暂间。"

89. 第 1 段中的"这一局面"指的是：
　　A 钱钟书公务繁忙　　　　　　B 《围城》十分畅销
　　C 杨绛比钱钟书更有名　　　　D 杨绛的写作遇到了瓶颈

90. 关于钱钟书，可以知道什么？
　　A 获得了十字勋章　　　　　　B 翻译了《堂吉诃德》
　　C 成立了"好读书"基金　　　　D 留下了 7 万多页的手稿

91. 关于杨绛，下列哪项正确？
　　A 淡泊名利　　　　　　　　　B 喜欢收藏古董
　　C 《围城》是其成名作　　　　D 与钱钟书合著《我们仨》

92. 第 4 段中的"未竟的"最可能是什么意思？
　　A 让人着迷的　　　　　　　　B 意料之外的
　　C 没来得及完成的　　　　　　D 带有许多争议的

93-96.

"琴、棋、书、画"中的"琴"，是中国历史上最古老的弹拨乐器之一，现称古琴或七弦琴。古琴的制作历史悠久，许多名琴都有文字可考，而且有着美妙的琴名与神奇的传说。其中最著名的是"号钟""绕梁""绿绮"和"焦尾"。这四张琴被人们誉为"四大名琴"。

"号钟"是周代的名琴。此琴音之宏亮，犹如钟声激荡，号角长鸣，令人震耳欲聋。传说古代杰出的琴家伯牙曾弹奏过"号钟"琴。后来"号钟"传到齐桓公的手中。他曾令部下敲起牛角，唱歌助乐，自己则奏"号钟"与之呼应。牛角声声，歌声凄切，"号钟"则奏出悲凉的旋律，使两旁的侍者个个感动得泪流满面。

"绕梁"琴之命名，源于《列子》中"余音绕梁，三日不绝"的典故。据说"绕梁"是一位叫华元的人献给楚庄王的礼物。楚庄王自从得到"绕梁"以后，整天弹琴作乐，陶醉在琴乐之中。王妃樊姬异常焦虑，以"夏桀酷爱'妹喜'之瑟而招致杀身之祸，失去了江山社稷"来规劝楚庄王。楚庄王无法抗拒"绕梁"的诱惑，只得忍痛割爱，命人用铁如意捶琴，琴身碎为数段。从此，万人羡慕的名琴"绕梁"绝响了。

"绿绮"是汉代著名文人司马相如弹奏的一张琴。司马相如家境贫寒，但他的诗赋极有名气。梁王慕名请他作赋，相如写了一篇《如玉赋》相赠。梁王极为高兴，就以自己收藏的"绿绮"回赠。"绿绮"是一张传世名琴，琴内有铭文曰："桐梓合精"，即桐木、梓木结合的精华。相如精湛的琴艺配上"绿绮"绝妙的音色，使"绿绮"名噪一时，以至于"绿绮"成了古琴的别称。

"焦尾"是东汉著名文学家蔡邕亲手制作的一张琴。蔡邕在"亡命江海、远迹吴会"时，曾于烈火中抢救出一段尚未烧完的梧桐木。他依据木头的长短、形状，制成一张七弦琴，果然音色不凡。因琴尾尚留有焦痕，就取名为"焦尾"。

93. 关于"号钟"，可以知道：
    A 琴声宏亮　　　　　　　　　B 外形像钟
    C 是用牛角做的　　　　　　　D 是周代的号角

94. 樊姬为什么让楚庄王毁了"绕梁"？
    A 认为是假琴　　　　　　　　B 怕落入他人手中
    C 琴声扰乱她的睡眠　　　　　D 担心楚庄王玩物丧志

95. 下列哪项是古琴的别称？
    A 绿绮　　　　B 妹喜　　　　C 如玉赋　　　　D 桐梓合精

96. "焦尾"名字的由来是：
    A 古人的名字　　　　　　　　B 用梧桐木制作而成
    C 琴身有烧焦的痕迹　　　　　D 琴尾有特殊的符号

97-100.

坎儿井古称"井渠"，是干旱地区取用地下水的一种渠道，主要分布在新疆东部博格达山南麓的吐鲁番地区，早在 2000 年前的汉代就已经出现雏形。吐鲁番地区共有坎儿井 1100 多道，年径流量达 2.94 亿立方米，是绿洲的生命之源。

坎儿井根据吐鲁番盆地地理条件及水量蒸发特点，利用地面坡度引用地下水灌溉农田，它由明渠、暗渠、竖井和涝坝四个部分组成。每条坎儿井的长短各不相同，长的可达 20 公里，短的只有 100 米左右。最古老的坎儿井是吐尔坎儿孜，它位于吐鲁番市恰特卡勒乡庄子村，全长 3.5 公里，至今已使用了 470 多年了。

坎儿井之所以能在吐鲁番大量修建，与当地特殊的地理条件密不可分。吐鲁番盆地北部的博格达山和西部的克拉乌成山，每当夏季来临，就有大量的融雪和雨水流向盆地，当水流出山口后，很快渗入戈壁地下变为潜流。积聚日久，使戈壁下面含水层加厚，水储量大，为坎儿井提供了丰富的水源。吐鲁番大漠底下深处，沙砾石由粘土或钙质胶结，质地坚实，因此坎儿井挖好后不易坍塌。吐鲁番干旱酷热，水分蒸发量大，风季时尘沙漫天，往往风过沙停，水渠常被黄沙淹没；而坎儿井是由地下暗渠输水，不受季节、风沙影响，水分蒸发量小，流量稳定。所以，坎儿井非常适合吐鲁番的自然条件。

坎儿井的历史源远流长。汉代在今陕西关中就有挖掘地下窖井技术的创造，称"井渠法"。汉通西域后，"井渠法"流传至西域，后经当地各族人民的辛勤劳作，逐渐趋于完善，发展为适合新疆条件的坎儿井。可以说，坎儿井是各族人民智慧的结晶。吐鲁番现存的坎儿井多为清代以来陆续兴建的，老井有百岁高龄。如今，尽管吐鲁番已新修了大渠、水库等现代化引水手段，但是坎儿井仍然在人民生活中发挥着巨大的作用。

97. 关于"吐尔坎儿孜"，下列哪项正确？
    A 年径流量最大　　　　　　　B 现在已经废弃不用
    C 长度大约为 100 米　　　　　D 是历史最长的坎儿井

98. 吐鲁番为什么大量修建坎儿井？
    A 当地气候干旱　　　　　　　B 当地土质疏松
    C 政府大力支持　　　　　　　D 地面河流较多

99. 关于"坎儿井"，可以知道：
    A 在清代趋于完善　　　　　　B 冬季水流量较小
    C 仍在发挥重要作用　　　　　D 有 3000 多年的历史

100. 下列哪项最适合做上文的标题？
    A 神奇的吐鲁番　　　　　　　B 绿洲的生命之源
    C "坎儿井"的明天　　　　　　D 冬天里的"坎儿井"

三、书 写

第 101 题：缩写。

（1）仔细阅读下面这篇文章，时间为 10 分钟，阅读时不能抄写、记录。
（2）10 分钟后，监考收回阅读材料，请你将这篇文章缩写成一篇短文，时间为 35 分钟。
（3）标题自拟。只需复述文章内容，不需加入自己的观点。
（4）字数为 400 左右。
（5）请把作文直接写在答题卡上。

　　东郭先生牵着毛驴在路上走，毛驴驮着个口袋，口袋里装着书。

　　忽然从后面跑来一只狼，慌慌张张地对他说："先生，救救我吧！猎人快追上我了，让我在你的口袋里躲一躲吧。躲过了这场灾难，我永远忘不了你的恩情。"东郭先生犹豫了一下，看看狼那可怜的样子，心肠就软了，答应了狼的要求。他倒出口袋里的书，把狼往口袋里装。可是口袋毕竟不大，狼的身子很长，装来装去，怎么也装不下。

　　猎人越来越近了，已经听到马蹄声了。狼很着急，它说："先生，求求你快一点儿！猎人一到，我就完了。"说着就躺在地上，并拢四条腿，把身子蜷成一团，头贴着尾巴，叫东郭先生用绳子把它捆住。东郭先生把狼捆好，塞进口袋，又装上了书，扎紧了袋口。他把口袋放到驴背上，继续往前走。

　　猎人追上来找不到狼，就问东郭先生："你看见一只狼没有？它往哪里跑了？"东郭先生犹豫了一下，说："我没看见狼。这儿岔道多，它也许从岔道上逃走了。"

　　猎人走了，越走越远，听不到马蹄声了。狼在口袋里说："先生，我可以出去了。"东郭先生就把它放了出来。狼伸伸腰，舔舔嘴，对东郭先生说："我现在饿得很，先生，如果找不到东西吃，我一定会饿死的。先生既然救了我，就把好事做到底，让我吃了你吧！"说着，就向东郭先生扑过去。

　　东郭先生大吃一惊，只好绕着毛驴躲避。他躲到毛驴左边，狼就扑到左边；躲到毛驴右边，狼又扑到右边。东郭先生累得直喘气，嘴里不住地骂着："你这没良心的东西！你这没良心的东西！"

　　正在危急的时候，有个老农扛着锄头走过来。东郭先生急忙上前拉住老农，把事情的经过告诉了他，然后问道："我应该让狼吃吗？"狼不等老农回答，抢着说："他刚才捆住我的腿，把我装进口袋，还压上了好多书，把袋口扎得紧紧的。这哪里是救我，分明是想闷死我。这样的坏人，不该吃吗？"

　　老农想了想，说："你们的话，我一点儿也不信。口袋那么小，装得下一只狼吗？我得看一看，狼是怎样装进去的。"

　　狼同意了。它又躺下来蜷成一团，并拢四条腿，头贴着尾巴。东郭先生照样用绳子把它捆住，塞进口袋。东郭先生正准备再往口袋里装书，老农立即抢过去，把袋口扎得紧紧的。他对东郭先生说："对狼讲仁慈，你真是太糊涂了，应该记住这个教训。"说着，他抡起锄头，把狼打死了。

现在，"东郭先生"已经成为汉语中的固定词语，专指那些不辨是非而滥施同情心、对坏人讲仁慈的人。

H61116 卷听力材料

大家好！欢迎参加 HSK（六级）考试。
大家好！欢迎参加 HSK（六级）考试。
大家好！欢迎参加 HSK（六级）考试。

HSK（六级）听力考试分三部分，共 50 题。
请大家注意，听力考试现在开始。

第一部分

第 1 到 15 题，请选出与所听内容一致的一项。现在开始第 1 题：

1. 步行不属于剧烈的运动，但却是很有效果的运动。研究表明，每周五次，每次三十分钟的步行可有效降低心脏病、糖尿病、高血压等慢性病的发病率。另外，它对治疗忧郁症和减轻心理压力的效果也很好。

2. 一个著名的魔术师开车超速，被交警拦住，开了罚单。交警递罚单的时候，惊讶地说："你就是那个魔术师吧！" 魔术师一听很高兴，以为可以得到通融，没想到交警手拿罚单笑着对他说："你能把它变没了吗？"

3. 炎热的夏天，所有人都在寻找凉快的办法，旅行社也绞尽脑汁地想怎么玩儿最凉快、线路怎么设计最能避暑，避暑游、清凉游成了暑期的主打线路。清凉游受到热捧，出游人数、价格均呈现出上升趋势。

4. 宁折不弯固然值得赞美，但它粉身碎骨的结果却令人叹息。那么，既保全了自己，又有策略地坚持不更应该提倡吗？弯腰是一种姿态，是为了更好地挺起自己的脊梁；弯腰是一种风范，是为了创造更大的人生价值。

5. 懂得放手，让孩子自己去经历，允许孩子犯错，要做到这一点并不容易。在这种"不作为"中，父母只是表面上得到了解放，实际上他们所经受的心理考验更为强烈，忍受的煎熬更多。也因此，才更体现爱的质量。

6. 网络流行语，顾名思义就是在网络上流行的语言，是网民们约定俗成的表达方式。"伤不起"是一个新的网络流行语，意为屡屡受伤，伤痕累累，已经经不起折腾，经不起伤害了。

7. 母亲带着六岁的女儿在商店里买衣服，小姑娘耐心地看着妈妈一件又一件地试穿衣服，每试一件，她都会惊叫："妈妈，您真好看!"另一位女士从隔壁试衣间走出来，问孩子的母亲："能把您女儿借我一会儿吗?"

8. 想要成功，就不要怕挨骂。因为只要你做事，就难免会出错，引起某些人的不满。不要抱怨反对者，他完全可以有他的看法，这是他的自由，与你无关。不必费力气去和他争辩，赶路要紧。

9. 茅盾文学奖，是以中国著名作家茅盾先生的名字设立的长篇小说文学奖。它是为鼓励优秀长篇小说的创作，推动中国文学繁荣而设立的。从一九八二年开始，每四年评选一次。

10. 虽然否定自己的选择很难，尤其是对于已付出较大投入的决定。但如果发现自己的坚持只会带来更大的损失，则一定要当机立断，重新计划。留得青山在，不怕没柴烧。更何况已经有了经验，吸取了教训。

11. 尽管中国有一句古话叫做"一山不容二虎"，可是如果长时间没有其他老虎跟它竞争，老虎的身体素质就会下降，这对老虎的长远发展并没有什么好处。对于人来说，也是这样。

12. 创新力从哪里来?我认为有三个基本元素：好奇心、想象力和批判性思维能力。一个人即使学会了人类的全部知识，但是没有这三点，他也只是个有知识的人，不可能成为一个有创造能力的人。

13. 舟山群岛是中国沿海最大的群岛。它位于长江口以南、杭州湾以东的浙江省北部海域，拥有两个国家海上一级风景区。这里风光秀丽，气候宜人，而且还是海岛鸟类的重要栖息地和候鸟迁徙的重要驿站。

14. 人生就像一顿自助餐。只要你愿意付费，想要什么都可以拿，但是必须自己动手。如果只是一味地等着别人把食物拿给你，你可能很难吃得开心。因为只有你自己知道你想要什么，什么最合你的胃口。

15. 人百分之百是情绪化的。即使我们说某人很理性，当这个人很有"理性"地思考问题的时候，实际上他也会受到当时情绪状态的影响，"理性地思考"本身也是一种情绪状态。

第二部分

第 16 到 30 题，请选出正确答案。现在开始第 16 到 20 题：

第 16 到 20 题是根据下面一段采访：

女：冯先生，我知道您的家乡是在浙江绍兴，那是个人杰地灵的地方，名人很多。故乡对您的影响是什么呢？

男：我想文化方面的影响比较深刻。绍兴的文化底蕴比较深厚，你在绍兴生活，不光是有家庭的熏陶，还有社会文化的熏陶，这种熏陶从小就有。

女：绍兴有这么浓厚的文化氛围，那个时候您想到过自己以后要去做什么吗？

男：那时候是比较模糊的，并没有一个"职业"的概念，只是想将来我要做有贡献的人，有用的人。

女：大学毕业之后，很多同学都非常着急去工作挣钱，而唯独您去读研究生，您为什么会做出这样的选择？

男：我觉得有一句话对我的影响更大，"知识就是力量"，所以一旦有机会继续学习，我就毫不犹豫地选择了学习。开始的时候，班上一起复习的人还是挺多的，但是随着时间一天一天过去，好多人的想法开始有变化了，变变变，变到最后就只有我一个人报名，别人都不报名了。

女：您这么多年在理工大学当老师，您知道您在学生心目中的形象是什么样的吗？

男：学生比较怕我。当然我对他们也不错，所以他们虽然怕我，但也比较尊重我。我说的话他们都听，我们的关系比较融洽，有了这个融洽，我们才能进行很好的科学研究。科研队伍的主要力量之一就是博士生，所以我特别重视师生之间的关系，我跟他们说，我从内心讲不把你们当学生看，而是当同事看。

女：我听说您把自己带过的博士生的毕业论文都非常整齐地摆放在家里。

男：对。因为这是他们的脚印，也是我的脚印，他们的劳动中有我的劳动。每一本博士论文都意味着我们科学研究有了一个进步，在培养人上的一个收获。看见这些论文我心里就非常愉快，也会更加激励我把后面的学生带好。

16．故乡在哪方面对男的影响深刻？
17．大学毕业后，男的做了什么选择？
18．哪句话对男的影响很大？
19．男的是做什么的？
20．关于男的，可以知道什么？

第 21 到 25 题是根据下面一段采访：

女： 您认为残疾人该怎样看待自己？怎样寻找自己的位置？

男： 对于残疾人来讲，一方面在思想上要接受自己是残疾人的现实，另一方面又不要把自己孤立起来，局限住。不能给自己画个圈儿，认为自己这个也不行，那个也不行。还有就是尽量不要给别人带来麻烦，不要把各方面对自己的照顾当成应该的，甚至产生优越感。另外我觉得残疾人之间还是应该加强交流。其实在我初中的时候，我妈就曾经给我借过一辆手摇车，把我带到残疾人中去，而我却一直觉得不好意思，不愿意去，因为思想里一直没有把自己归入到这个类中。后来去过几回，觉得很好，因为身体状况相同，经历也有类似的地方，他们所讲的东西，和别人讲的不太一样，很适合我。

女： 一般残疾人的婚恋都比较困难，而您却找到了自己的幸福，那么在这方面，您能给残疾朋友一些什么忠告呢？

男： 大胆地追求幸福！别老在窗外徘徊，要勇敢地破窗而入。不要顾忌太多，你争取了，也许也不成功，但起码还有可能，如果你不争取，那就什么可能都没有了，那你何不去争取一下呢？残疾人就是要克服自己的心理障碍，克服自卑心理，大胆地去追求应该属于自己的幸福。不要怕被拒绝，在爱情方面，就要厚脸皮。有些残疾人，是怕不能给对方带来幸福，但其实不是这样的。爱是互相的，那么爱情的责任也是双方的，如果对方也爱你，那么对方在接受这份爱情的同时，也就接受了这份爱情所带来的结果。

女： 我看到了您写的博客，您认为网络对残疾人有多大的帮助呢？残疾人又该怎样利用网络来改善自己的生活呢？

男： 快捷、便利，发挥的空间更大，可以畅所欲言，不仅是缩短了残疾人和健全人的差距，还让残疾人能够更方便地接触外界，了解世界，可以和外界交流，发表自己的看法。

女： 您认为怎样做才能对残疾人最有帮助？

男： 就是给予平等的对待，不是特殊照顾，而是让残疾人真正享受到平等的感觉。尤其是在就业方面，给残疾人一个公平竞争的机会，提供更多的岗位。

21．对于残疾人，男的有什么观点？
22．在爱情方面，男的有什么经验？
23．男的怎样看待网络？
24．关于男的，可以知道什么？
25．男的认为怎样做对残疾人帮助最大？

第 26 到 30 题是根据下面一段采访：

男：平常用什么方式对爸爸表达你的爱？

女：中国人好像不太喜欢用这种语言直接地表达，所以女儿也很少跟爸爸说我爱你，更多的方式是默默地去做吧。我会常常带爸爸出去玩儿，去旅游，去他喜欢的地方，还会买些礼物送给他。虽然我爸爸七十多岁了，但是他还是很爱赶时髦的，从穿的到用的，有的时候也挺喜欢名牌的，所以从物质上小小地满足一下我爸爸的虚荣心，也算是表达一下自己的爱吧。

男：你和爸爸的关系，小时候和现在有什么变化？

女：当然有很多变化，特别直接的一个例子就是出去玩儿。有一次爸爸带我去紫竹院划船，家里别人都没去，爸爸一个人带着我，享受父女之间很私密的时光。而且还留下了很多照片，是我爸爸亲自为我拍的。但是现在出去旅行，就感觉好像是我带着爸爸去玩儿。因为去的国外语言不通，或者是我比较熟悉这些地方。总之我又是保姆又是翻译，而且还是秘书，要掌管一切。

男：事业和家庭对你来讲会不会矛盾，如果矛盾了你要怎么样解决？

女：我从来都不觉得事业和家庭是一个矛盾体。很多人都说事业和家庭是对立的，对于女人来说可能只能选择一个。但是我总觉得事业和家庭其实是可以完美地连在一起的。而且做得好的话，其实家庭会是事业一个很大的动力，或者说给予你事业很大的支持，而事业也可以是你家庭一个快乐的源泉，所以在我看来从来都不矛盾。

男：在记忆里，父亲让你印象最深刻的时候是？

女：大概是几年前吧。我记得那年我过生日，我是在深圳出差，当时我父亲在澳大利亚出差。我接到了父亲给我的一个短信，那时候我爸爸刚会用短信。我记得特别清楚，我当时在深圳的酒店里面收到短信，大意好像是：爸爸在你过生日的时候没有能够守在你的身边，但是在南太平洋也要祝女儿生日快乐。最重要的是，有一句话，爸爸、妈妈、哥哥、姐姐，我们这个家都会一直支持你，都会以你为最大的骄傲。我看着这条短信，眼眶就湿润了。

26．女的平时会怎样表达对父亲的爱？
27．女的和父亲的关系现在怎么样？
28．女的怎样看待事业和家庭？
29．关于父亲，可以知道什么？
30．关于女的，下列哪项正确？

第三部分

第31到50题，请选出正确答案。现在开始第31到33题：

第31到33题是根据下面一段话：

一天，正在举行阅兵仪式。检阅官是一位以严厉著称的上校。他目光锐利地扫视队列后，径直走到一个士兵面前，上下打量了一番，突然厉声命令道："把口袋上的扣子扣好！"

士兵非常慌张，结结巴巴地问道："现在，现在吗，长官？"

"当然。马上！"上校的回答毋庸置疑。

于是，士兵小心翼翼地伸出手，把上校衬衫口袋的扣子扣上。

上校一眼就看出了年轻士兵没有扣好扣子，却丝毫没有留意到自己的制服也有问题。

人们总是这样，看待别人的缺点时，感觉像缺了颗牙那样扎眼，对于自己的缺点却总是难以察觉。

31．上校是个什么样的人？

32．士兵听到命令后是怎么做的？

33．这段话主要想告诉我们什么？

第34到37题是根据下面一段话：

一根矮矮的柱子，一条细细的链子，可以拴得住陆地上最大的动物——重达千斤的大象吗？答案是肯定的，能。你一定不会相信，但是有机会去马戏团看一看的话，你就会相信了。

这是为什么呢？原来，一切都是源于力量无穷的"习惯"。

在大象还是很小的小象时，驯象师们便用一条细铁链将它拴在柱子旁。由于身体幼小，小象的力量尚不足以挣脱铁链，所以，虽然它一开始总是拼命挣扎，到最后总会安静下来——它明白了，无论怎么努力，那条链子都是不可能挣脱的。

渐渐地，小象长大了，长成了力大无比的庞然大物，但是它依然无法挣脱链子，不是因为不能，而是因为它从来不曾尝试过，甚至连这种想法都不曾有过。因为在它的观念里，它认为这是绝对不可能的，虽然，轻轻一拽铁链便会断掉。

听到这里，我们不得不感叹：小象的确是被实实在在的铁链所绑住的，而大象，却是被看不见的习惯铁链所绑住的。

34．什么令人难以置信？

35．小象被拴在哪儿？

36．大象为什么挣脱不了铁链？

37．根据这段话，可以知道什么？

第 38 到 40 题是根据下面一段话：

中国古代有一个著名的将领叫李广，他精于骑马射箭，作战非常勇敢，被称为"飞将军"。有一次，他去打猎，忽然发现草丛中有一只猛虎。李广急忙用箭射去，他以为老虎一定中箭身亡，于是走近前去，仔细一看，没想到射中的竟是一块形状很像老虎的大石头，箭几乎全部射入石头当中。李广很惊讶，不相信自己有这么大的力气，想再试一试，就往后退了几步，再次用力向石头射去。可是，一连几箭都没有射进去，有的箭头破碎了，有的箭杆折断了，而大石头却一点儿也没有受到损伤。

38．"飞将军"李广擅长什么？
39．李广对什么感到吃惊？
40．关于李广，下列哪项正确？

第 41 到 43 题是根据下面一段话：

成功是可以复制的。

要复制成功，首先就要复制成功者的"信念"。因为信念不够坚定，所以做事情时就做得不够彻底，或者碰到问题时就主动放弃了，中途放弃而导致失败的大有人在。

其次要复制成功者的策略。策略就是做事情的先后顺序，是一种思维模式，更是一种行为方式。很多时候我们的失败是因为先后顺序错了，在错误的时间做了对的事情，结果也是错的。

第三个要复制的是成功者的肢体动作。透过积极向上的肢体动作，给自己积极的心理暗示，从而带来持续不断的动力。

不要听别人说什么，更多的是需要我们看别人怎么做，然后找出成功者的信念和策略，同时加以模仿。相信在某一天，我们将会成为成功故事里的主角。

41．要复制成功，首先要复制什么？
42．关于"策略"，下列哪项正确？
43．根据这段话，下列哪项正确？

第 44 到 47 题是根据下面一段话：

睡眠的姿势不外乎俯卧、仰卧、侧卧几种。由于每个人的习惯不同，睡姿也不相同。有统计资料表明，在各种睡眠姿势中，习惯侧卧的人占百分之三十五，仰卧的占百分之六十，其他百分之五为俯卧。

仰卧是最为常见的睡姿，四肢可以自由伸展，体内的各个器官也较为舒适，对血液循环有利。但仰卧不利于全身充分地放松，尤其是腹腔内压力较高时容易使人产生憋得慌的感觉。同时要注意，仰卧时不要将手放在胸部，否则容易做噩梦。

俯卧的人较少，一般不提倡这种睡姿。因为俯卧会压迫胸部，影响呼吸，会使心脏受压、肺工作量增加，不利于健康。

从有益于人的生理健康的角度而言，侧卧是最为理想的。侧卧时，双腿微屈，全身易于放松，有利于解除疲劳。尤其是右侧卧时，右肺空气吸入量占全肺的百分之五十九，右肺循环血量占全肺的百分之六十八。而左侧卧时，左肺的上述两项指标相应为百分之三十八和百分之五十七。另外，心脏位于胸腔内左右两肺之间而偏左，左侧卧时心脏易受挤压，易增加心脏负担。同时，右侧卧更有益于食物在消化道内吸收、转运，对血液的顺利运行和提高解毒及抗病能力都有益。

44．大多数人采用什么样的睡眠姿势？
45．仰卧睡眠要注意什么？
46．关于侧卧，下列哪项正确？
47．这段话主要谈什么？

第 48 到 50 题是根据下面一段话：

蘑菇长在阴暗的角落，得不到阳光，也没有肥料，自生自灭，只有长到足够高的时候才会开始被人关注，此时它自己已经能够接受阳光了。人们将这种现象称之为"蘑菇效应"。

"蘑菇效应"很形象地诠释了多数人的工作经历：一个刚参加工作的人总是先做一些不起眼的事情，而且未能受到重视。当他默默无闻地工作一段时间后，如果工作出色就逐渐被人关注并得到重用；如果工作不出色就逐渐被边缘化，甚至被人遗忘。从某种观念上讲，这种"蘑菇经历"不一定是什么坏事，因为它是人才蜕壳羽化前的一种磨炼，它可以消除一些不切实际的幻想，从而使人更加接近现实，能够更加理性地思考和处理问题，对人的意志和耐力的培养也具有促进作用。

48．蘑菇在什么时候会受到人们的关注？
49．关于刚参加工作的人，下列哪项正确？
50．这段话主要想告诉我们什么？

听力考试现在结束。

H61116 卷答案

一、听 力

第一部分

1. B	2. B	3. C	4. D	5. C
6. B	7. D	8. B	9. B	10. D
11. B	12. D	13. A	14. D	15. A

第二部分

16. A	17. B	18. A	19. D	20. C
21. D	22. B	23. B	24. C	25. B
26. C	27. C	28. A	29. B	30. D

第三部分

31. A	32. C	33. D	34. C	35. B
36. D	37. D	38. A	39. C	40. A
41. A	42. C	43. D	44. A	45. D
46. C	47. B	48. C	49. C	50. D

二、阅 读

第一部分

51. D	52. C	53. B	54. D	55. A
56. C	57. C	58. D	59. B	60. A

第二部分

61. D	62. C	63. B	64. A	65. B
66. B	67. A	68. D	69. C	70. A

第三部分

71. D	72. B	73. E	74. A	75. C
76. A	77. E	78. D	79. B	80. C

第四部分

81. C	82. A	83. B	84. B	85. B
86. A	87. A	88. B	89. C	90. D
91. A	92. C	93. A	94. D	95. A
96. C	97. D	98. A	99. C	100. B

三、书　写

101.（略）

国家汉办/孔子学院总部
Hanban/Confucius Institute Headquarters

新汉语水平考试

HSK（六级）

H61117

注　　意

一、HSK（六级）分三部分：

    1．听力（50题，约35分钟）

    2．阅读（50题，50分钟）

    3．书写（1题，45分钟）

二、听力结束后，有**5**分钟填写答题卡。

三、全部考试约140分钟（含考生填写个人信息时间5分钟）。

中国　北京　　　　　　　　国家汉办/孔子学院总部　　编制

一、听 力

第一部分

第1-15题：请选出与所听内容一致的一项。

1. **A** 电梯正在维修
   B 那个人太重了
   C 电梯里的人并不多
   D 电梯里手机没信号

2. **A** 台风很难预测
   B 台风有弊也有利
   C 人人都应有节水意识
   D 台风加剧了全球水荒

3. **A** 小孩子摔伤了
   B 摩托车出了故障
   C 交警拦住了出租车
   D 摩托车速度非常快

4. **A** 制度不是万能的
   B 要吸引高级人才
   C 信任是管理者的法宝
   D 管理者通过团队完成任务

5. **A** 后退是为了前进
   B 车到山前必有路
   C 我们应该向前看
   D 人不能安于现状

6. **A** 山西醋远销国外
   B 山西醋制作工艺简单
   C 老陈醋是山西的特产
   D 老陈醋保存时间不宜太长

7. **A** 服务员很机智
   B 突然发生了地震
   C 客人们觉得很委屈
   D 服务员讲了个笑话

8. **A** 企业文化各不相同
   B 工作习惯很难改变
   C 企业要学会挽留优秀员工
   D 人际关系是最宝贵的资源

9. **A** 好钢要用在刀刃上
   B 行动之前要先做准备
   C 做决定不要优柔寡断
   D 要合理安排自己的时间

10. **A** 眼睛会欺骗人
    B 讲故事一定要生动
    C 口耳相传往往会出错
    D 人们的记忆力存在差别

11. **A** 女性更关注时尚
    B 男孩儿比女孩儿更敏感
    C 母亲对孩子的影响更大
    D 女性的购物欲望是天生的

12. **A** 简历一定要短
    B 简历有固定格式
    C 简历要有针对性
    D 简历的封面要精致

13. A 相声有多种形式

B 相声起源于南方

C 单口相声历史最长

D 单口相声不限于一人

14. A 月牙泉是人工泉

B 月牙泉泉水甘甜

C 月牙泉形状像新月

D 月牙泉的面积在缩小

15. A 下周将会降温

B 近期将有降雪

C 上周雨水较多

D 明天气温有所回升

第二部分

第 16-30 题：请选出正确答案。

16. A 很难过
    B 非常自豪
    C 有些尴尬
    D 难以置信

17. A 可以速成
    B 必须用心投入
    C 不属于竞技运动
    D 适合性格活泼的人

18. A 缺少专业教练
    B 经营状况不好
    C 现有三四千名会员
    D 培养了许多优秀运动员

19. A 很崇拜父亲
    B 准备明年退役
    C 和父母住在一起
    D 被称为"冰上蝴蝶"

20. A 送他出国留学
    B 鼓励他去经商
    C 让他学习滑冰
    D 尊重他的兴趣

21. A 比较公平
    B 稿费更多了
    C 不利于作家创作
    D 给自己造成了一定压力

22. A 创作自然就好
    B 创作需要灵感
    C 创作心态很重要
    D 创作环境最关键

23. A 两年
    B 十几年
    C 30 多年
    D 40 多年

24. A 是短篇小说
    B 被改编成话剧
    C 以农村为背景
    D 被搬上了银幕

25. A 现在是导演
    B 生活在上海
    C 关心失学儿童
    D 是畅销书作家

26. A 雪山雄鹰
    B 草原雄鹰
    C 雪山勇士
    D 高原舞者

27. A 增强体质
    B 欣赏自然美景
    C 丰富人生阅历
    D 理解生命的意义

28. A 懂得反省

　　 B 情感丰富

　　 C 不怕死的精神

　　 D 良好的沟通能力

29. A 是摄影爱好者

　　 B 小时候身体不好

　　 C 是专业登山运动员

　　 D 正在组建新的登山队

30. A 20多天

　　 B 三四周

　　 C 三四个月

　　 D 一年

第三部分

第31-50题：请选出正确答案。

31. A 准备移民
    B 要买新房子
    C 周围环境不好
    D 资金周转紧张

32. A 降价出售
    B 贷款买房
    C 别找中介
    D 让人们集中看房

33. A 冬天太冷
    B 在市中心
    C 朝向不很理想
    D 后来租给朋友了

34. A 空虚
    B 焦虑
    C 乐观
    D 迷人

35. A 容易产生偏见
    B 容易获得认可
    C 有利于身心健康
    D 会让人制定过高的目标

36. A 为人要谦逊
    B 完美主义的弊端
    C 期望越高失望越大
    D 怎样处理工作和家庭的关系

37. A 四脚朝天
    B 抱成一团
    C 迅速调整姿态
    D 通过四肢保持平衡

38. A 有保暖作用
    B 有平衡作用
    C 常常被人忽视
    D 能反映猫的心理

39. A 猫的肢体语言
    B 猫尾巴的功能
    C 猫眼的不同之处
    D 猫怎样使自己不被摔伤

40. A 创新
    B 表达
    C 推理
    D 组织

41. A 争夺利益
    B 获得帮助
    C 讨价还价
    D 得到提拔

42. A 要靠自己
    B 要有激情
    C 并不是独自奋斗
    D 无需宏伟的蓝图

43. A 描绘美好前景
    B 帮助竞争对手
    C 提高工作效率
    D 赢得别人同情

44. A 想长生不老
    B 商量对敌之策
    C 希望改善与智者的关系
    D 想得到国王更多的宠幸

45. A 火的旁边
    B 火的上方
    C 火的中央
    D 大臣身上

46. A 第三只最值得赞赏
    B 三只飞蛾都很聪明
    C 大臣要做第三只飞蛾
    D 三只飞蛾对火的认识不同

47. A 胆战心惊
    B 非常惭愧
    C 很受鼓舞
    D 觉得遗憾

48. A 过分相信他人
    B 希望承担责任
    C 心理素质不够好
    D 掌握的信息不够

49. A 有利于个人发展
    B 群体听从个人意见
    C 可以缓和社会矛盾
    D 也被称为"随大流"

50. A 性格内向
    B 好奇心重
    C 中年男性
    D 文化程度高

二、阅 读

第一部分

第 51-60 题：请选出有语病的一项。

51. **A** 对于一辆车来说，外观真的很重要。
    B 风既有大小，又有方向，因此风的预报包括风速和风向。
    C 正所谓"宝马赠英雄"，在古代，马常被当做贵重的礼物给勇士赠送。
    D 傣族把孔雀作为自己民族精神的象征，孔雀舞是傣族最具代表性的舞蹈。

52. **A** 和上海相比，北京的冬天要冷得多。
    B 爱是一种付出，是一种完全不需要回报的给予。
    C 深秋的香山，是人们登高远眺、观赏红叶的好时候。
    D 陕西历史博物馆以其丰富的文物藏品，被誉为"华夏宝库"。

53. **A** 他的演讲在社会上引起了巨大的反响。
    B 在王洛宾改编的歌曲，最著名的要数《在那遥远的地方》了。
    C 他这一席话博得了老总的赏识，最终被录用为这个部门的经理。
    D 我喜欢在午后，坐在咖啡馆的一角，静静地享受美好的闲暇时光。

54. **A** 吸烟没有安全剂量，每吸一支烟都会有损害健康。
    B 一个成年人所表现出来的性格特点，大都可以在童年找到缘由。
    C 乐观的人看见问题后面的机会，悲观的人只看见机会后面的问题。
    D 果汁的营养和水果比起来有相当大的差距，一定不要把两者混为一谈。

55. **A** 国庆假期临近，出游机票价格应声上涨。
    B 跌入谷底后不要灰心，因为以后的每一步都是向上的。
    C 人生最精彩的不是实现梦想的瞬间，但是坚持梦想的过程。
    D 白露出现在 9 月 7 日前后，这时天气开始转凉，早晨草木上会有露水。

56. **A** 香港素有"购物天堂"的美称。
    B 莫高窟的彩塑，每一尊都是一件精美的艺术品。
    C 在你想要放弃的那一刻，应该想想当初为什么坚持走到了这里。
    D 有没有远大的志向和脚踏实地的精神，是一个人取得成功的关键。

57. **A** 这次失败的原因在于事先准备不足，计划做得不够详细周密。
    B 保健品只是具有某种保健作用的食品，并不具备药物的治疗作用。
    C 他是个很有魅力的人，我每次看到他的时候都保持着他那独特的微笑。
    D 有些食物营养成分不高，热量却高得惊人，比如炸薯条、火腿、甜点等。

58. A 七夕是中国传统节日中最具浪漫色彩的一个节日，被认为是中国的情人节。

B 梅花糕源于明朝，到清朝时已成为江南常见的小吃。乾隆皇帝下江南时见其形如梅花，赐名梅花糕。

C "上有天堂，下有苏杭"，意思是说天上有天堂，人间有苏杭，人们以此来形容苏杭的美丽、繁荣与富庶。

D 小时候你一定在院子的空地上玩儿过"跳房子"吧？这个游戏虽然简单，但是特别有趣，随着很多人度过了童年。

59. A 如果一定要让孩子在幼年时学点儿什么，那我的建议是引导孩子爱上阅读。

B 他就一直站在那里，看起来很老老实实，并不是个淘气的孩子，这是我对他的第一印象。

C 王维不但诗歌创作卓有成就，他还善于绘画，精通音律，是中国文学史上一个多才多艺的诗人。

D 豆浆是一种营养价值极高的日常营养饮品，由于价廉物美，它在中国人的早餐食谱中非常受青睐。

60. A "一帆风顺"说的是船挂着满帆顺风行驶，比喻非常顺利，没有任何阻碍。

B 真正的姐妹，即使吵架了，第二天也能厚着脸皮当做什么都没发生，继续一起吃饭一起逛街。

C 应聘这个职位需要有良好的文字功底，有责任心和团队合作精神，最好还能有相关的工作经验的人。

D 与生物病毒不同的是，几乎所有的计算机病毒都是人为制造出来的，它是一段可执行代码或者一个程序。

第二部分

第 61-70 题：选词填空。

61. 小时候，幸福是一件东西，_____就幸福；长大后，幸福是一个_____，达到就幸福；成熟后，发现幸福原来是一种心态，_____就幸福。

    A 拥护　　梦想　　奉献　　　　B 占有　　目光　　歌颂
    C 拥有　　目标　　领悟　　　　D 拥抱　　标志　　觉悟

62. 羽毛球运动可增强上下肢和腰的活动能力，能有效地消除久坐、久视对身体的_____影响。羽毛球运动虽然有很多好处，但也_____打的时间越长越好，一般不要超过一小时。另外，打球之前一定要做好_____的准备活动。

    A 不良　　并非　　充分　　　　B 剧烈　　无非　　充足
    C 恶劣　　除非　　充沛　　　　D 严峻　　难免　　充实

63. 什刹海是北京城内的一处景区。这里曾是元、明、清三代城市_____的核心。在这里，你可以欣赏老北京的胡同和 四合院，_____名人故居，观看富有特色的民俗活动，从而_____老北京悠久的文化。

    A 划分　　观光　　承受　　　　B 规划　　游览　　感受
    C 调整　　浏览　　体会　　　　D 策划　　登陆　　感染

64. 俗话说："尺有所短，寸有所长。"每个人都有自己的优点和缺点，做人不能太骄傲_____，总以为自己才是正确的，而要_____学习别人的长处，来_____自己的不足；同时也不要太_____，觉得自己什么都做不好，其实每个人身上都有值得别人学习的地方。

    A 自满　　虚心　　弥补　　自卑
    B 自主　　谦虚　　补偿　　悲观
    C 自私　　称心　　补救　　消极
    D 自觉　　甘心　　补贴　　卑鄙

65. 天津"泥人张"彩塑是一种深受百姓喜爱的艺术品，其创作_____广泛，或反映民间习俗，或取材于 民间故事、舞台戏剧、文学名著。作品用色简单明快，用料_____，而且所_____的泥人神形兼具，异常生动，在国际上享有很高的_____。

    A 课题　　注重　　扎　　荣誉
    B 科目　　着重　　绣　　信誉
    C 器材　　追究　　拽　　名誉
    D 题材　　讲究　　捏　　声誉

66. 音乐可以_____情绪，而且遵循"同质"_____。简单来说，就是当一个人痛苦时应该听悲痛的音乐，把痛苦的情绪完全_____出来。而一个焦虑或愤怒的人应选择激昂亢奋的音乐，使_____的情绪有所发泄。

    A 调和　　　原则　　　解放　　　拘束
    B 调节　　　原理　　　释放　　　不安
    C 缓和　　　道理　　　播放　　　沮丧
    D 调解　　　规律　　　开放　　　悲哀

67. 人们一直认为，女性要获得_____的成功，就应当"表现得像个男人"。然而研究_____，表现得刚毅而自信的"强势型"女性，_____比"温柔型"女性获得升职的机会少。虽然这些性格特征在男性身上广为推崇，但表现在女性身上，则会_____"缺乏可爱"。

    A 事业　　　表明　　　通常　　　显得
    B 事项　　　证明　　　平常　　　展现
    C 事务　　　指示　　　时常　　　展示
    D 行业　　　显示　　　照常　　　流露

68. 清初，徽剧盛行于安徽及江浙一带，在南方_____很广。乾隆年间，"三庆""春台""四喜""和春"四大徽班先后进入北京演出，名噪华夏，变得_____。后来，徽剧在北京同湖北汉剧等剧种_____，逐渐_____成了现在的京剧。

    A 流传　　　家喻户晓　　　结合　　　演变
    B 流通　　　络绎不绝　　　组合　　　变迁
    C 传播　　　喜闻乐见　　　联合　　　演奏
    D 宣传　　　空前绝后　　　合并　　　延续

69. 驾着无动力的小舟,利用船桨_____好方向,在时急时缓的水流中顺流而下,在与大自然的抗争中演绎精彩的_____,这就是漂流,一种区别于_____生活的独特体验,让_____人为之倾倒。

    A 领会　　　刹那　　　平等　　　城堡
    B 把握　　　间隔　　　平静　　　乡镇
    C 掌握　　　瞬间　　　平凡　　　都市
    D 控制　　　期间　　　平坦　　　郊区

70. 在科学史上，善于_____的人总会有所发现，有所创造。只要你_____，善于在_____的现象中打破沙锅问到底地探索与研究，你一定会从盲从流俗、无所发明的人群中_____。

    A 看待　　　各抒己见　　　不言而喻　　　得天独厚
    B 观察　　　孜孜不倦　　　司空见惯　　　脱颖而出
    C 考察　　　兢兢业业　　　莫名其妙　　　继往开来
    D 注视　　　聚精会神　　　一目了然　　　再接再厉

第三部分

第 71-80 题：选句填空。

71-75.

　　在现实生活中，你和谁在一起的确很重要，它甚至能改变你的成长轨迹，
（71）_____。和什么样的人在一起，就会有什么样的人生。和勤奋的人
在一起，你不会懒惰；和积极的人在一起，你不会消沉；与智者同行，你会不同
凡响；与高人为伍，你能登上巅峰。

　　科学家研究认为："人是唯一能接受暗示的动物。"
积极的暗示，会对人的情绪和生理状态产生良好的影
响，（72）_____，发挥人的超常水平，使人进取，
催人奋进。

　　远离消极的人吧！否则，（73）_____，使你
渐渐颓废，变得平庸。积极的人像太阳，照到哪里哪里
亮；消极的人像月亮，初一十五不一样。态度决定一切，
有什么态度，就有什么样的未来。性格决定命运，有怎样的性格，就有怎样的人
生。

　　有人说，（74）_____：上学时遇到一位好老师，工作时遇到一位好领
导，成家时遇到一个好伴侣。有时他们一个甜美的笑容，一句温馨的问候，
（75）_____。

A 激发人的内在潜能

B 他们会在不知不觉中偷走你的梦想

C 人生有三大幸事

D 决定你人生的成败

E 就能使你的人生与众不同，光彩照人

76-80.

丹顶鹤就是中国传说中的仙鹤。在全球 15 种鹤中，丹顶鹤是世界第二大稀有鹤种。由于它们的数量少，目前已被列为国家一级保护动物。它们生活在沼泽或浅水地带，（76）＿＿＿＿＿＿＿，是一种十分珍贵的大型候鸟。

东亚地区的居民认为丹顶鹤象征幸福、吉祥、长寿和忠贞,（77）＿＿＿＿＿＿。在中国殷商时代的墓葬中，就有鹤的形象出现在雕塑中；春秋战国时期的青铜器中，鹤体造型的器具也已出现。

丹顶鹤嘴长、颈长、腿长，高约 120 厘米，成鸟除颈部和翅膀后端为黑色外，全身洁白。（78）＿＿＿＿＿＿，喉和颈大部为暗褐色，嘴呈灰绿色。它们的叫声嘹亮，声音可以波及数里之外。《诗经》中有"鹤鸣九皋，声闻于天"之说，这是因为它们的气管很长并盘成多个圈，而且愈老愈长，所以老鹤之鸣愈发高亢。丹顶鹤的寿命可达 50-60 年，（79）＿＿＿＿＿＿，可以相伴一生。

在中国，每年入秋后，（80）＿＿＿＿＿＿。在江苏省盐城自然保护区，越冬的丹顶鹤最多时一年可达 600 多只，这里已成为世界上栖息数量最多的丹顶鹤越冬栖息地。

A 它们会从东北的繁殖地成群结队地飞往南方过冬

B 常被人冠以"湿地之神"的美称

C 头顶裸露的部分为鲜红色

D 它们对配偶非常忠诚

E 丹顶鹤的形象大量出现在各国文学和美术作品中

第四部分

第81-100题：请选出正确答案。

81-84.

　　别小看呵欠，它可是一连串异常复杂动作的紧密组合：嘴巴突然张到最大限度，头部微微向后仰，接着是一阵有力的肌肉收缩，使一大口空气尽情呼出。科学家们至今仍对呵欠的生理功能争论不休。目前占上风的意见是：呵欠可以缓解疲劳。呵欠呼出了深埋在肺叶内的一大口不洁空气，同时又吸进了一大口新鲜空气；加上数十块肌肉和数十处关节的协调动作，这一切都能使精神"为之一振"。

　　在会议上打呵欠被公认为是对发言者的大不敬；同样，在聆听长者教诲时打呵欠，就等于把"谆谆告诫"当做"耳边风"。不少国家的教师对儿童进行"文明教育"时总是对<u>此</u>一再强调。

　　呵欠会"传染"，当人群中有一个人"领头"打个呵欠，其余人就会莫名其妙地"呼应"，尽管当时他们可能毫无倦意。某些疾病患者的呵欠是一种重要的"信号"。如患精神分裂症的人如果接二连三地大打呵欠，那可是病情好转的喜讯。相反，脑溢血患者如果呵欠不断，那就意味着病人严重缺氧，非常危险。

　　外界环境的较大变化也会使人容易打呵欠，当你与朋友长谈一小时后送客出门时，你往往会打个呵欠；看完一场电影回家也会打个呵欠……于是，一位心理学家别致地将它比做"分号"，意思是说：这是生活中某个片断的结束，另一个片断跟着来临了。

81. 关于"呵欠"，可以知道：
　　A 是一种疾病　　　　　　　　B 有利于振作精神
　　C 是一种无声的动作　　　　　D 可预防呼吸道疾病

82. 第2段中的"此"指的是：
　　A 文明教育　　　　　　　　　B 聆听长者教诲
　　C 打呵欠要注意场合　　　　　D 打呵欠可缓解疲劳

83. 根据上文，下列哪项正确？
　　A 打呵欠反映人的性格　　　　B 中年人更喜欢打呵欠
　　C 打呵欠容易相互"传染"　　 D 对患者而言，呵欠是"好消息"

84. 心理学家把打呵欠比做"分号"，是因为：
　　A 打呵欠说明不耐烦　　　　　B 打呵欠表明大脑缺氧
　　C 呵欠容易打断人的思路　　　D 呵欠意味着一个片段的结束

85-88.

　　春秋战国时，宋国一男子有一个祖传药方，专治冬季里手部的冻伤和龟裂，极具医用价值。可惜这个宋国人不懂得利用秘方赚钱，只是靠洗染布料为生，日子过得非常拮据。

　　一天，有位姓冯的亲戚来到宋国人家中做客，无意中知道了祖传药方的事。经过一个晚上的考虑，第二天，这位冯姓亲戚跟宋国人商量，决定以50两银子的价格求购药方。对于宋国人来说，这可是天大的好事。于是他召集全家老小商议，大家一致同意卖出药方，不过要价却多了100两银子。没想到，冯姓亲戚很痛快地就答应了。

　　一年后，冯姓亲戚再次回到宋国。宋国人见他一身华服，乘坐豪华车马，周围还有侍卫随从，惊讶地问起缘由。冯姓亲戚笑着对他说："我得到药方后，去了齐国，跟齐王说，今后将士们在冬季打仗就不用为冻手之事烦恼了。齐王当即就用了我的药方，效果立竿见影。齐王趁机攻打邻国，当时正值寒冬，齐国士兵因为涂抹了这种神奇的药膏，战斗力更强，一鼓作气大败邻国。事后，齐王将我视为有特殊贡献之人，赏黄金千两，并且给我封地作为封赏。"

　　同一个事物，在不同人眼里价值是不一样的。比如那个价值连城的药方，在宋国人眼里就是一个普通的偏方，而在姓冯的亲戚眼里却是"稀世珍宝"，他相信一旦投资得当，便可以创造出巨大的价值。

　　由此，我们可以得出结论：若想投资成功，你必须要具备一双敏锐的、能够发现黄金的"慧眼"。一些"宝贝"，囿于习惯性的判断，你觉得它似乎没什么价值。但是独具慧眼的人，却总能从中发现赚钱的机会。

85. 关于那个药方，可以知道什么？
　　A 后来失传了　　　　　　　B 只卖了几百两银子
　　C 帮助齐国赢得了胜利　　　D 是宋国人偶然得到的

86. 关于冯姓亲戚，下列哪项正确？
　　A 善于指挥作战　　　　　　B 很有生意头脑
　　C 对医药很有研究　　　　　D 送给宋国人很多钱

87. 第3段中"立竿见影"的意思最可能是：
　　A 不要心存畏惧　　　　　　B 很快就发挥作用
　　C 与想象的不太一样　　　　D 很快就消失不见了

88. 上文主要告诉我们：
　　A 不要贪得无厌　　　　　　B 机会需要发现
　　C 放慢脚步，享受人生　　　D 生于忧患，死于安乐

89-92.

　人与人交往时总是希望获得别人的赞同，所以，人们会非常注意自己在他人面前和社交场合中的形象，心理学家把这种现象叫做"印象管理"。印象管理是一个社会的基本事实，每个人都在有意无意地进行印象管理。

　无论我们认为用外表来衡量人是多么肤浅和愚蠢，但人们每时每刻都在根据你的服饰、发型、手势、声调、语言等方式判断着你。当你走进一个房间，即使房间里没有人认识你，但是，他们仅仅凭你的外表就可以对你做出至少 10 个方面的判断，包括你的品行、经济水平、文化程度、可信任程度、社会地位、老练程度、家庭教养以及你是不是成功人士等。无论你愿意与否，你都会留给别人一个关于你形象的印象。这个印象在工作上影响着你的升迁，在商业上影响着你的交易，在生活中影响着你的人际关系和爱情关系，最终影响着你的幸福感。

　鉴于"印象管理"的重要性，考虑到职员的个人形象就是公司的形象，许多公司把形象作为一个职员最为重要的基本素质。因为他们知道职员的形象不仅通过他们的外表，而且还通过沟通行为、职业礼仪等留给客户一个印象，这种印象反映了公司的信誉、产品及服务的质量、公司管理者的素质及层次等。许多跨国公司不惜重金为自己企业的人员进行形象培训和设计，以提高职员个人素质。有关媒体曾经对世界排名前 1000 位的公司的执行总裁进行调查，他们普遍认为如果公司职员能展示给客户一个良好的形象，公司可以从中受益。员工的形象等于公司的形象，公司的形象直接影响着公司的利润，因此保持优秀的公司形象是管理者努力的目标之一。

89. 关于"印象管理"，下列哪项正确？
　　A 是普遍的社会现象　　　　B 是一种无意识行为
　　C 人们在熟人面前更自然　　D 第一印象往往是美好的

90. 根据第 2 段，下列哪项正确？
　　A 成功人士更注重外表　　　B 人们都在以"貌"取人
　　C 外貌和幸福感没有关系　　D 别轻易对别人做出判断

91. "印象管理"带给企业什么启示？
　　A 完善企业奖惩机制　　　　B 创造轻松的企业氛围
　　C 提高管理者的管理水平　　D 重视员工个人形象的培训

92. 上文主要谈的是：
　　A 人际交往的技巧　　　　　B 印象管理的重要性
　　C 怎样给人留下好的印象　　D 怎样保持良好的公司形象

93-96.

　　有句成语叫做"冠冕堂皇"，这冠和冕指的都是帽子。史载，黄帝始创冠冕，可见帽子有着悠久的历史。冕的出现比冠要早。

　　最早的帽子主要是当做装饰品，它不像后世的帽子那样把头全盖住，而是只有狭窄的冠梁，遮住头的一部分，两旁用丝带在颏下打结固定。古代男子 20 岁开始戴冠，要举行冠礼，表示进入成年。至今在闽南和台湾，男子的成人仪式中必不可少的就是要戴一顶新帽子。

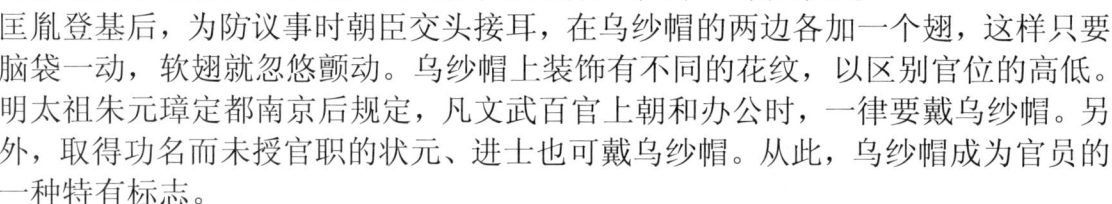

　　在古代，帽子曾经是权力等级的象征。汉朝时，天子戴的是九寸高的"通天冠"，太子戴的是七寸高的"远游冠"，乐师戴的是"方山冠"……现代，人们以脱帽表示礼貌，但在古代却是失礼的举动。杜甫在《饮中八仙歌》中说，张旭酒醉后竟"脱帽露顶王公前"，是有失体统的。

　　说到帽子，自然要谈及"乌纱帽"。作为权贵"头衣"的乌纱帽始于隋朝，并以帽上饰玉多寡区别官职大小。宋太祖赵匡胤登基后，为防议事时朝臣交头接耳，在乌纱帽的两边各加一个翅，这样只要脑袋一动，软翅就忽悠颤动。乌纱帽上装饰有不同的花纹，以区别官位的高低。明太祖朱元璋定都南京后规定，凡文武百官上朝和办公时，一律要戴乌纱帽。另外，取得功名而未授官职的状元、进士也可戴乌纱帽。从此，乌纱帽成为官员的一种特有标志。

　　如今，各式帽子还是识别民族和行业的标志。蒙古族喜欢戴狐皮帽，土族爱戴织锦帽，新疆和田维吾尔族妇女戴的是小花帽，直径仅 10 厘米，堪称迷你帽。江南颇具特色的是乌毡帽，它能冬经风雪夏遮阳，农民、渔民四季都喜欢戴。儿童戴兔子帽、虎头帽，一般都与本年属相有关。

93. 关于"冠冕"，可以知道：
　　A 属于奢侈品　　　　　　　　B 只有皇帝可以戴
　　C 最早都是皮制的　　　　　　D 冕出现得更早些

94. 在中国古代，脱帽：
　　A 是不礼貌的　　　　　　　　B 可以表达不满
　　C 是一种成人仪式　　　　　　D 表示对别人的尊重

95. 关于"乌纱帽"，下列哪项正确？
　　A 象征富裕　　　　　　　　　B 是朱元璋发明的
　　C 后来成为官员的标志　　　　D 可以识别不同的民族

96. 根据上文，下列哪项正确？
　　A 乌纱帽上不能有装饰　　　　B "通天冠"是皇帝戴的
　　C 隋朝时帽子上新增了软翅　　D 乌毡帽深受北方民族的喜爱

97-100.

　　灰尘是人人讨厌的东西，它无处不在，令人防不胜防。它有碍环境卫生，是滋生细菌的温床，危害人体健康，也会对精密的仪器造成致命的损害。因此，古往今来，人们总是"时时勤拂拭，勿使染尘埃"。然而你可曾想到，人类的生存却离不开灰尘。

　　灰尘颗粒的直径一般在万分之一到百万分之一毫米之间。人眼能看到的灰尘，是灰尘中的庞然大物，细小的灰尘只有在高倍显微镜下才能看见。灰尘的主要来源是土壤和岩石。它们经过风化作用后，分裂成细小的颗粒。这些颗粒和其他有机物颗粒一起在空中飘浮。灰尘在吸收太阳部分光线的同时向四周反射光线，如同无数个点光源。阳光经过灰尘的反射，强度大大削弱，因而变得柔和。假如大气中没有灰尘，强烈的阳光将使人无法睁开眼睛。

　　有趣的是，尘粒还有个"怪脾气"，容易反射光波较短的紫、蓝、青三色光，而喜欢吸收光波较长的其他色光。由于下层大气中的灰尘含量较高，我们在地面上看到的天空才是蔚蓝色的。假如大气中没有灰尘，天空将变成白茫茫的一片。

　　灰尘大多具有吸湿性能。空气中的水蒸气，必须依附在灰尘上，才能凝结成小水滴。这样，当空气中的水蒸气达到饱和时，分散的水汽便依附灰尘而形成稳定的水滴，可以在空中长时间地飘浮。假如空气中没有灰尘，地面上的万物都将是湿漉漉的。更严重的是，天空不可能有云雾，也不可能形成雨、雪来调节气候，从地面上蒸发到上空的水也就不可能再回到地面上来。假如地球上的水越来越少，最后完全干涸，生物就不能生存。此外，由于这些小水滴对阳光的折射作用，才会有晚霞朝晖、闲云迷雾、彩虹日晕等气象万千的自然景色。

97. "时时勤拂拭，勿使染尘埃"的意思是：
　　A 要远离烦恼　　　　　　　　B 要保持清洁
　　C 劳动最光荣　　　　　　　　D 健康最重要

98. 空气中没有灰尘会怎么样？
　　A 雨量会增多　　　　　　　　B 太阳光会更强烈
　　C 天空会变成蓝色　　　　　　D 空气质量会下降

99. 关于灰尘，下列哪项正确？
　　A 能保持空气干燥　　　　　　B 用显微镜才能看见
　　C 能促使水蒸气的形成　　　　D 云雾的形成离不开它

100. 最适合做上文标题的是：
　　A 多彩的大自然　　　　　　　B 你了解灰尘吗
　　C 天气可以预报吗　　　　　　D 灰尘的"坏脾气"

三、书 写

第 101 题：缩写。

（1）仔细阅读下面这篇文章，时间为 10 分钟，阅读时不能抄写、记录。

（2）10 分钟后，监考收回阅读材料，请你将这篇文章缩写成一篇短文，时间为 35 分钟。

（3）标题自拟。只需复述文章内容，不需加入自己的观点。

（4）字数为 400 左右。

（5）请把作文直接写在答题卡上。

一天，有个商人丢了一头骆驼，他急得到处去找。但是他从早上找到晚上，问了许多人，也没找到他的骆驼。第二天一早，他起来继续寻找，他走着走着，来到了一棵大树下。树下坐着三个人，是三兄弟。

商人走上前问："你们好，请问，你们有没有看见一头骆驼？"

兄弟三人互相看了看，老大先问："你要找的骆驼是不是只有一只眼睛？"

商人连忙点头说是。

"你的那头骆驼是不是一条腿有毛病？"老二接着问。

"对，对，一点儿都不错。"商人高兴得嘴都合不上了，他仿佛看见自己的骆驼已经站在眼前。

"你丢的那头骆驼背上驮着的东西好像是谷子？"老三最后说。

"哎呀，谢天谢地！"商人高兴得拍手叫道，"你们兄弟三人说的那头骆驼和我的一模一样，一点儿都不差。请你们快点儿告诉我，你们是在哪儿看到它的呀？它现在在哪儿？"

没想到兄弟三人听了却都摇头说："没有，没有，我们谁也没有看见你的骆驼。"

"真奇怪！"商人很失望，"如果他们三个人谁也没有看见，怎么能说得那么像？他们一定是在骗我，要不就是他们偷了我的骆驼。"商人一想到这里，便生气了："一定是你们偷了我的骆驼！你们赔我的骆驼，否则我就要拉你们去见法官！"而那兄弟三人则始终不承认自己偷了骆驼。就这样说着说着，商人被激怒了，他坚持要拉兄弟三人去见法官。

到了法官那里，商人一口咬定是兄弟三人偷了他的骆驼。法官也觉得很奇怪，这兄弟三人说从来没有见过那头骆驼，可是怎么又形容得那么像呢？兄弟三人要是偷了他的骆驼，那他们为什么还把那头骆驼的详细情况告诉它的主人呢？

法官问完兄弟三人之后，才明白是怎么一回事。

老大说："我看见路边的草有骆驼吃过的痕迹，而且只吃了一边的草，另一边的连碰也没碰。于是我想，这头骆驼准有一只眼睛是瞎的。"

老二接着说："那头骆驼的脚印三个一样深，而只有一个脚印明显比较浅，足以表明那头骆驼一条腿有毛病。"

"至于骆驼背上驮的是什么东西，想知道也并不难，从道路两边洒下的细碎谷子就可以看出来。"老三笑着回答。

　　啊，原来是这样。法官非常佩服三兄弟的判断能力，当场就把他们放了。商人也觉得很惭愧。

　　兄弟三人告诉商人："通过对骆驼脚印的观察，可以看出那头骆驼的前脚一直朝西，而且它是一边吃一边走，由此可以推测那头骆驼很可能还会一直朝西走下去，而且不会走得太远。你顺着这条路往下走，应该能找到你的骆驼。"

　　果然，沿着三兄弟指引的方向追了一段时间后，商人找到了自己的骆驼。

H61117 卷听力材料

（音乐，30秒，渐弱）

大家好！欢迎参加 HSK（六级）考试。
大家好！欢迎参加 HSK（六级）考试。
大家好！欢迎参加 HSK（六级）考试。

HSK（六级）听力考试分三部分，共 50 题。
请大家注意，听力考试现在开始。

第一部分

第 1 到 15 题，请选出与所听内容一致的一项。现在开始第 1 题：

1. 电梯门刚要关上，一个男的冲了进来，却听到电梯"滴滴滴滴"地响了起来。"怎么才几个人就超载了啊？"说完，他无奈地走了出去。电梯门关上后，一个人掏出手机说："我手机响，他干嘛出去了？"

2. 提到台风，人们往往把它和灾难联系起来。这是因为台风来临时会带来狂风暴雨，有时会严重损毁建筑物，破坏农作物。但从另一方面来看，台风登陆时能带来大量的降水，缓解全球水荒，从而造福人类。

3. 一位出租车司机开车时看见前面有个人疯狂地骑着摩托车，在他后座上的小孩儿快要被甩出去了。司机追上那个人说："伙计，你的孩子快要掉下去了。"此人听后回头一看，吃惊地问："儿子，你妈妈呢？"

4. 管理工作最大的一个特点是：通过别人完成任务。这个"别人"就是你所管理的团队。如何有效地运用各种管理手段来规范员工的行为，是每个管理者必须面对的一个最基本的课题。

5. 只知前进，不知后退，这是很多人的通病。其实，有时必须先退后进，否则就没有出路。所以，我们一定要明白：有时暂时的退，是为了今后大步的前进，是以退为进。

6. 山西的醋品种繁多，老陈醋是其中的珍品。据传从周代起，山西就开始了醋的生产，而到春秋战国时代，就有一些作坊开始酿造老陈醋了。这种醋储存时间越长，越香酸可口，而且没有沉淀，是独具一格的佳品。

7. 餐厅里，客人们正在用餐，墙上的一个装饰物突然掉了下来，所有人都被吓了一跳。客人们几乎同时回头，并吃惊地望着服务员。服务员灵机一动，假装委屈地说："不是我干的。"听到这话，客人们顿时哄堂大笑。

8. 每个企业都有独特的企业文化。换工作不仅仅是换一个地点上班，还意味着要改变人际关系、文化氛围、工作习惯等。这时需要考虑，我们自身的性格、观念、习惯等能否顺利融入新环境中，接受新的企业文化。

9. "磨刀不误砍柴工"的意思是说，如果刀很钝，就会严重影响砍柴的速度；如果砍柴之前先把刀磨锋利，效率则会大大提高，从而节省时间。因此，做一件事，先花些时间做准备，会大大提高办事效率。

10. 一件事传来传去，到最后一定和原来的事实相差很远。因为讲的人不见得记得全，而听的人又往往会听错；同时传话的人或多或少都会添油加醋，经过几个人的口和耳，自然就变样了。

11. 女性的购物欲望并非与生俱来，而是后天由母亲"潜移默化"培养出来的。父亲会带着儿子看足球，母亲则会带着女儿去购物，这让女孩儿对时装的兴趣渐增。正是这种引导，使女性从小就养成了对时尚的敏感。

12. 雇主们都想知道你可以为他们做什么。含糊的、笼统的、缺少针对性的简历会使你失去很多机会。如果你有多个目标，最好准备多份不同的简历，在每一份上突出重点。这将使你的简历更有机会脱颖而出。

13. 单口相声是相声中的一种。一个人说称为单口相声，两个人为对口相声，三个人及以上为群口相声。单口相声是在民间笑话基础上发展起来的一种民间艺术形式，故事性强，妙趣横生，在社会上流传广泛。

14. 月牙泉被鸣沙山环抱，长约一百五十米，宽约五十米，因水面酷似一弯新月而得名。月牙泉的源头是党河，依靠河水的不断补给，在四面黄沙的包围中，泉水清澈明丽，且千年不干，令人称奇。

15. 在经历了晴朗少云、舒适宜人的一周后，下周开始，北京的降温幅度明显增大。据气象台预报，从下周二开始部分地区将出现降雨，下周三起有较强冷空气入侵，带来三四级偏北风，气温将明显下降。

第二部分

第 16 到 30 题，请选出正确答案。现在开始第 16 到 20 题：

第 16 到 20 题是根据下面一段采访：

男：各位网友，大家好！今天我们非常荣幸地请到了有"冰上蝴蝶"之称的花样滑冰女子单人滑运动员陈露来接受专访。陈露，你好！

女：大家好。

男：你在一九九四年冬季奥运会上获得了中国第一枚花样滑冰冬奥会奖牌。后来一九九五年在世界花样滑冰锦标赛中成为中国第一位花样滑冰世界冠军，一九九八年又在长野冬奥会中获得了中国第二枚花样滑冰冬奥会奖牌，成为了亚洲第一位连续两届冬奥会都获得奖牌的花样滑冰运动员。我想问的是你之前有过当冰童的经历吗？

女：有，应该是在一九八五年，我九岁，那时正值世界明星巡回表演，有一站在中国，我从地方队来北京看表演，当时就被选为冰童，我特别骄傲。

男：那你从小就有向花样滑冰职业运动员努力的目标了，是吗？

女：其实刚开始并没有很多想法，只是出于喜欢。由于我的父母都是体育工作者，父亲是冰球教练，所以我很小就开始学习滑冰。后来，有一次我在电视上看到了一个专辑，讲的是一个著名的滑冰运动员，我非常喜欢，觉得她滑得太美了，从此就把她作为偶像，一直努力着。

男：对于学习花样滑冰，你有什么样的看法？

女：花样滑冰是一项竞技体育，需要技术和艺术的完美结合，所以需要刻苦地训练，不断提高对艺术的领悟，用心投入是最重要的。

男：零五年，你在深圳开了一家滑冰场，那你有没有愿望在冰场中能走出一些优秀的运动员呢？

女：我们俱乐部里，活跃的会员非常多，目前有三四千人，像你说的有愿望将来成为专业运动员的小朋友也很多，当然，最后能不能成为顶级的选手，这个是需要时间的。因为一个花样滑冰队员的成型，大概需要十年的时间，最后才能达到一个高度。此外，家长有没有愿望在这方面来培养孩子也是一个重要因素，因为花样滑冰是一个比较昂贵的运动，水平越高，费用也随之增长。不过，在商业冰场中成长起来的运动员，一定是本人非常热爱这项运动的，所以主动学习的愿望很强。

男：那你有没有考虑让孩子接自己的班？

女：我儿子现在虽然五岁，但是他有自己的想法，我们还是要尊重他的喜好去培养，像他现在非常喜欢打网球，我们就鼓励他打网球。

16. 女的被选为冰童时感觉怎么样？
17. 女的对学习花样滑冰有什么看法？
18. 关于俱乐部，可以知道什么？
19. 关于女的，下列哪项正确？
20. 女的打算怎样培养儿子？

第 21 到 25 题是根据下面一段采访：

男：王安忆老师，感谢您接受我们的采访。有人说，市场化和商业化在扼
　　杀作家的创作环境，您如何看待市场和作家之间的关系？
女：我觉得市场化相对来说是好的，起码市场化是比较公平的。虽然我并
　　不是一个畅销书作者，可是我觉得我的书销量是比较合适的。我的书
　　卖两三万册，这就对了，销量太高就不像我的书了。我认为市场可以
　　比较准确地给作家定位。所以，我对市场化没有太大的反感。
男：您是否感受到创作环境的改变？它是否影响了您的创作？
女：我对环境没有太大的感觉。对我自己而言，创作环境是越来越好了。
　　环境和作家本身的情况是相关的。我一九七八年担任《儿童时代》的
　　编辑，并在那一年发表《平原上》，其实当时的创作还非常稚嫩。现在，
　　我个人的思想已经比较成熟了，我觉得我能够掌控自己的创作，创作
　　的状态也越来越好。
男：您在不同的时期，是否会因为心态的不同而影响到创作的本身？
女：我从一开始写作到现在已经三十多年了，写作成了我非常自然的生活
　　状态。应该说，我没有抱着什么特殊的心态来创作，对我来讲，创作
　　是非常自然的。所以，我根本不去想我要用什么心态去创作。
男：您的长篇小说《长恨歌》曾经先后被改编为电影和电视剧，并都获得
　　了很大的成功，为大众所熟悉。有些文学批评家认为，《长恨歌》是您
　　创作上的重要转折点，自那之后，您就开始陷入了自我重复，总是描
　　写上海小女人的生活。您如何看待这些评价？
女：我认为，《长恨歌》是我创作转折点的说法并不准确。我生活在上海，
　　自然就会写上海。但是，别人似乎只注意到我写上海的作品，事实上，
　　我也写过其他很多农村题材的作品。

　　21．女的怎样看待市场化？
　　22．女的怎样看待创作？
　　23．女的从事写作多长时间了？
　　24．关于《长恨歌》，下列哪项正确？
　　25．关于女的，可以知道什么？

第 26 到 30 题是根据下面一段采访：

女：各位好，今天的嘉宾是西藏自治区登山队男子分队队长次仁多吉，请他给我们讲述一下他攀登世界高峰的心路历程。您好，二十多年里，您征服了世界上所有的八千米以上的高峰，被国际公认为攀登高峰次数最多、成功登顶次数最多的人，人们称您为"雪山雄鹰"和"横跨珠峰的第一人"，您怎样看待这些成绩？

男：取得这样的成绩，首先是感谢我的父母，感谢父母给我那么壮的身体；再加上我周边的很多登山爱好者，也可以说我的朋友、同事们给我的帮助，如果一个人去完成登山那么大的任务是不可能的，没有他们的力量，我不会成功的。

女：您为什么当初会选择登山的活动，您觉得这样的运动魅力在什么地方？

男：登山这个行业对西藏人来说是优势，对我来说是特别的优势。我的身体和各个方面的条件允许，所以我一直在参加登山这个活动，都三十多年了。这个活动最能给我战胜困难的勇气和信心，经历过死里逃生后，人就能理解什么是生命了。

女：您认为想成功登顶的话，需要具备哪些优秀的素质？

男：登山没有一定的耐力，没有一定的吃苦耐劳、不怕死的精神，那成功的几率就很少。

女：是的，在登山过程中，很多危险都是难以预测的。作为登山队的队长，您要比队员多做什么样的工作？

男：作为登山分队长，承担的责任就更大。我作为一个登山队长，我后面还有一个领队。我们要从拉萨出发的时候，大概三四个月以前就要开始计划各种装备、各类技术装备，到上面拉绳子等等，那些都要先了解清楚再计划，计划比较细，再报体育局，这个经费要落实，好多细节要做。每次登山的时候要开好几次会，一直到挖岩、修路、准备绳子，都是我的责任。

26．男的被人们称为什么？
27．男的认为登山的魅力是什么？
28．男的认为登山最需要具备什么素质？
29．关于男的，下列哪项正确？
30．登山大概要提前多长时间准备？

第三部分

第31到50题，请选出正确答案。现在开始第31到33题：

第31到33题是根据下面一段话：

买了新房之后，由于资金周转紧张，我和妻子决定卖掉老房子。然而几个月过去了，房子还没有卖出去。

我特地去请教老同学阿勇，他对做生意很有一套。阿勇到我的房子里转了一圈之后，说："我给你提两条意见。第一，告诉中介公司，带人看房一定要在下午三点之前……"一听这话，我不由自主地点头，因为房子的朝向问题，三点之前房间里的光照比较好，屋子很亮堂。

"第二，你去城里所有的中介公司登记，而且跟他们说好，看房时间只能在星期六早上九点到十一点。"阿勇继续说。"咦，这是为什么？"我迷惑不解。阿勇说："见过商场搞促销吗？一大堆人围着的东西肯定卖得快，在那种氛围中，大家很容易产生购买的欲望。所以，我们现在要做的，是要努力制造看房氛围。集中看房，看房的人发现还有很多人也是冲着这套房子来的，第一感觉肯定是这是一套紧俏的好房子，不知不觉就会增加对这套房子的好感。"果然，我的房子在一周后以理想的价格成交了。

31．他们为什么要卖掉老房子？
32．下列哪项是朋友的意见？
33．关于老房子，下列哪项正确？

第34到36题是根据下面一段话：

在现实生活中，很多人都喜欢追求完美，无论是工作还是个人生活，甚至在找男女朋友时也以完美的标准要求对方。然而，心理学家研究发现，完美主义行为尽管有利于人们在工作、事业上取得更大成就，却对自身的健康十分不利。完美主义者常常把目标定得过高，带有明显的强迫心理。对自己要求苛刻，会使自己长期处于紧张与焦虑的状态。当人们的心理被"完美"的目标压迫时，身体也会随之出现一些相应的状况，如易疲倦、胃口不好、记忆力下降、注意力不集中、睡眠质量差等，严重者甚至还会诱发各种疾病。

34．追求完美的人常处于什么状态？
35．关于完美主义，可以知道什么？
36．这段话主要谈什么？

第 37 到 39 题是根据下面一段话：

　　人们都知道，大部分猫从高楼坠下后依然能够安然无恙。猫怎么可以在没有任何保护措施的情况下，从高空坠落却仍可以保全性命呢？
　　猫从高处落下不会受伤，这与猫有发达的平衡系统和完善的机体保护机制有关。当猫从高处落下时，即使是四脚朝天，它们也能迅速地转过身来调整姿态。这种与生俱来的姿态调整本领可以帮助猫减少因下坠而产生的加速度，其中尾部起到重要的作用。猫尾是一个平衡器官，就如飞机的尾翼，可以使身体保持平衡。这样，猫在接近地面的时候，通常都可以保证四肢着地，而猫脚趾上厚实的脂肪质肉垫又能大大减轻着地的冲击力，有效地减轻了震动对各脏器的损伤。

　　37．猫从高处落下时，身体会怎么样？
　　38．关于猫的尾巴，可以知道什么？
　　39．这段话主要谈什么？

第 40 到 43 题是根据下面一段话：

　　很多人觉得做公司要靠自己，其实错！什么叫创业？创业不是说自己脑海中有一个想法，然后独自一个人去实现它。创业者是看到了一群人有各种各样的资源，然后通过某种巧妙的借力机制，把这群人团结起来，一起来实现同样的梦想。
　　作为创业者，你最大的能力是组织能力。"怎么把所有的力量聚集到一起？怎么为他们的梦想创造更有利的实现基础？"这是创业者应该思考的。
　　"你必须使用杠杆借力"，这是一个重要的营销策略。一个人的奋斗是一种孤独的奋斗，永远不要认为创业是一个人的事，所有人都将是你的竞争对手，所有人都希望从你那儿"抢一把米"，这样想是错误的。
　　世界上有很多人可以帮助你，但是他们缺乏帮助你的想法和美好的前景，你需要向他们描绘一个美好的蓝图，告诉他们"帮助我，其实就是帮助你自己"，这并不矛盾。当你有了这种思维模式，你才能"杠杆借力"。

　　40．创业者最应该具备什么能力？
　　41．"抢一把米"是什么意思？
　　42．关于创业，下列哪项正确？
　　43．怎样才能做到"杠杆借力"？

第 44 到 47 题是根据下面一段话：

有一位大臣，很受国王的宠幸，可大臣觉得还不够，希望能得到国王更多的宠幸。

大臣去请教一位智者，智者告诉大臣，要得到国王更多的宠幸，就要更近距离地接触国王，更深入地了解国王。

"怎样才能更深入地了解国王呢？"智者没有直接回答大臣，而是给他讲了一个寓言故事。说是有三只飞蛾，它们都想给火下一个定义。第一只飞蛾远远地看见了火，就说火是一种能发光的东西；第二只飞蛾飞到火的近旁，返回来告诉大家，说火不仅能发光，而且还有一种灼人的烈焰；第三只飞蛾觉得前两只飞蛾给火下的定义都不够准确，它要再进一步深入火，深入到火的中央，对火做最深刻的了解。"对这三只飞蛾来说，最深入火、最了解火的，当然是第三只飞蛾，但这只最了解火、最能对火做出最深刻解释的飞蛾，却无法说出来，因为飞向火心的飞蛾，是再也不会飞回来的。现在，你还想去做第三只飞蛾吗？"智者问大臣。

经智者一问，大臣吓出了一身冷汗。

44．大臣为什么去找智者？
45．第二只飞蛾飞到了哪里？
46．关于那个寓言故事，下列哪项正确？
47．听完智者的故事，大臣是什么反应？

第 48 到 50 题是根据下面一段话：

从众效应，是指当个体受到群体的影响时，会怀疑并改变自己的观点、判断和行为，朝着与群体大多数人一致的方向变化，也就是人们通常所说的"随大流"。从众效应的出现，多是由于没有足够的信息或者搜集不到准确的信息，从而选择模仿他人的思想或者行为来规避风险。从众是一种普遍的社会心理现象，从众效应本身并无好坏之分，其作用取决于在什么问题及场合上产生从众行为。不同类型的人，从众行为的程度不一样。一般来说，女性从众多于男性；性格内向、自卑的人多于外向、自信的人；文化程度低的人多于文化程度高的人；年龄小的人多于年龄大的人；社会阅历浅的人多于社会阅历丰富的人。

48．根据这段话，为什么会出现从众效应？
49．关于从众效应，下列哪个正确？
50．哪类人易产生从众效应？

听力考试现在结束。

H61117 卷答案

一、听 力

第一部分

1. C	2. B	3. D	4. D	5. A
6. C	7. A	8. A	9. B	10. C
11. A	12. C	13. A	14. C	15. A

第二部分

16. B	17. B	18. C	19. D	20. D
21. A	22. A	23. C	24. D	25. B
26. A	27. D	28. C	29. C	30. C

第三部分

31. D	32. D	33. C	34. B	35. D
36. B	37. C	38. B	39. D	40. D
41. A	42. C	43. A	44. D	45. A
46. D	47. A	48. D	49. D	50. A

二、阅 读

第一部分

51. C	52. C	53. B	54. A	55. C
56. D	57. C	58. D	59. B	60. C

第二部分

61. C	62. A	63. B	64. A	65. D
66. B	67. A	68. A	69. C	70. B

第三部分

71. D	72. A	73. B	74. C	75. E
76. B	77. E	78. C	79. D	80. A

第四部分

81. B	82. C	83. C	84. D	85. C
86. B	87. B	88. B	89. A	90. B
91. D	92. B	93. D	94. A	95. C
96. B	97. B	98. B	99. D	100. B

三、书 写

101.（略）

图书在版编目（CIP）数据

新汉语水平考试真题集：2012版.HSK六级／国家汉办／
孔子学院总部编.—北京：商务印书馆，2012（2013.3重印）
ISBN 978-7-100-08898-5

I.① 新… II.① 国… III.① 汉语–对外汉语教学–水平考
试–试题 IV.① H195.4–44

中国版本图书馆CIP数据核字（2012）第016593号

新汉语水平考试真题集 HSK（六级）
2012版

国家汉办／孔子学院总部 编制

商 务 印 书 馆 出 版
（北京王府井大街36号　邮政编码 100710）
商 务 印 书 馆 发 行
北 京 瑞 古 冠 中 印 刷 厂 印 刷
ISBN 978 - 7 - 100 - 08898 - 5

2012 年 3 月第 1 版　　　　　　开本 880×1240 1/16
2013 年 3 月北京第 3 次印刷　　　印张 10½
定价：73.00 元